小 学 生

おまもり手帖

小学校入学時の写真を貼りましょう

名前

_____

生年月日

_____ 年 _____ 月 _____ 日

使いはじめた日

　　　　　　　年　　　　　　月　　　　　　日

使い終わった日

　　　　　　　年　　　　　　月　　　　　　日

memo

大切な子どもを
これからも守りつづけたい──。
私たちがめざすのは
ネクスト母子手帳です。

母子手帳を受け取った日のことを覚えていますか。
子どもが自分のもとへ来てくれた喜びと、
すこやかに育てられるだろうかという不安で、
胸が震えたあの日のことを。

心配事があるたびに手帳をめくり、
ときに成長の喜びを書き留めて、
あんなに小さくはかなかった赤ちゃんは
元気いっぱいの小学生になりました。

でも、ここから先は？

変わっていく体への戸惑いや、
複雑になる友達との関係、
私たちの時代にはなかったネットとのつきあい方など
小学生の育児だって、わからないことだらけです。

かけがえのない子どもの体を、心を、
ずっとずっと、守りつづけたい——。

そんなあなたに寄り添う、
第二の母子手帳のような存在になりたくて
この『小学生おまもり手帖』を作りました。

あなたの育児の頼もしい
「おまもり」になれますように。

この手帖の使い方

忙しい毎日でも子育ての疑問がすぐわかるように
いろいろな工夫をしています。

"あるある"お悩み

小学生の子どもを持つ保護者のみなさんから、アンケートや座談会で寄せられたリアルなお悩みをピックアップ。低学年から高学年までその悩みにぶつかりがちな年代順に掲載しています。

実践しやすいアドバイス

悩みに対して、すぐ実践できる対処法や、子どもへの声かけのヒントなどを具体的にご紹介。

おまもりことば

解決法のポイントや、子どもと接するときに心に留めておきたい言葉を「おまもりことば」として掲載しました。

ハッシュタグ検索

「あの悩み、どこに書いてあったっけ?」とすぐわかるように、悩みのキーワードや関連語をハッシュタグのように並べています。

成長過程がわかる「おまもりノート」

低学年から高学年まで、各年代ごとにどんな変化があるのか、どんな悩みが起こりやすいのかや、子育てのポイントを解説しています。この先の見通しがつきます。

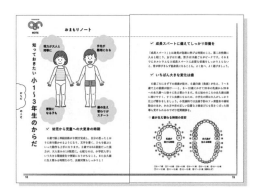

親子で学べる「おまもりえほん」

妊娠・出産のしくみなど、子どもがわかりやすいようにイラストを交えて紹介した親子で読むページです。そのほか、子育ての「今」を伝える「おまもりニュース」や、監修者からの大きなおまもりのようなメッセージ「おおまもりことば」も掲載。

小学生の思い出を書き込めるページも

身長・体重の変化、初めて逆上がりができた日、楽しかった遠足、よく歌っていた曲など小学6年間のあれこれを記録できる書き込みページもつけました。声変わりの年齢などを書いておくと、子どもがパパ・ママになったときの子育ての参考にもなりますよ。

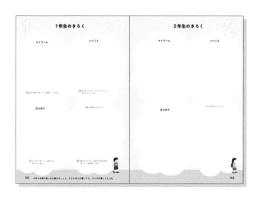

（　　男子　　）

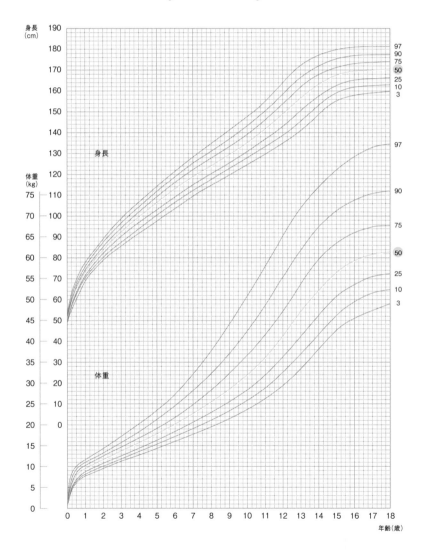

子どもの身長や体重をこの成長曲線に記入しましょう。

☑ 身長、体重は曲線のカーブに沿っていますか

☑ 急激な体重増加はありませんか

☑ 体重は低下していませんか　　　　　　　※中央の曲線（50のライン）が標準の成長曲線です

（　女子　）

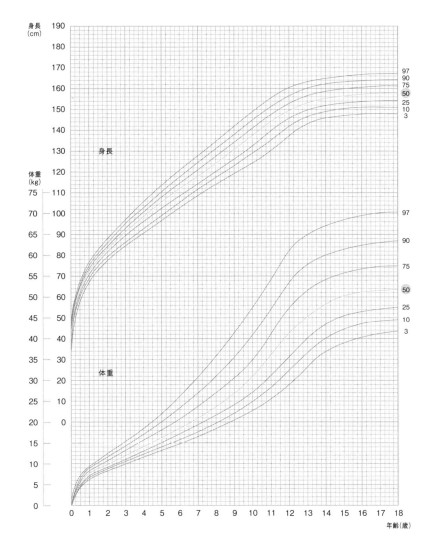

出典：厚生労働省 https://www.mhlw.go.jp/shingi/2004/02/dl/s0219-3b.pdf　（平成16年2月作成）

大切な

へ

小学生になる（なった）子どもへの思いやメッセージなど、自由に書きましょう。

年　　　月　　　日　　　　　　　より

11

もくじ

CONTENTS

CHAPTER 1

からだのこと ——————————— 17

CHAPTER 2

性のこと ─────────── 45

CHAPTER 3

こころのこと ━━━━━━━ 81

CHAPTER 4

あんぜん・ネットのこと ——— 125

CHAPTER 4　続き

CHAPTER 1

からだのこと

ちいさいからだ
おおきいからだ
どんなからだも
その子だけの
大事なからだ
すくすくぐんぐん
あなたなりの
スピードで
一歩一歩
たしかにそだて

知っておきたい **小1〜3年生のからだ**

からだ のこと

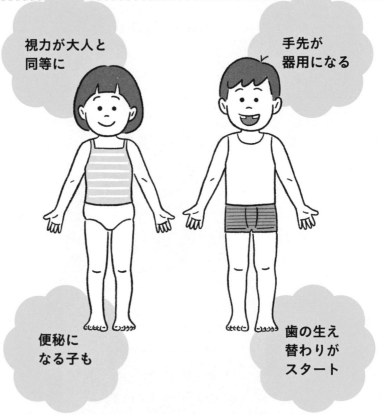

視力が大人と同等に

手先が器用になる

便秘になる子も

歯の生え替わりがスタート

☑ 幼児から児童への大変身の時期

　6歳で脳と神経回路が9割方完成し、自分の思ったとおりに体を動かせるようになり、文字を書く、ひもを結ぶといった動作も上手になります。2歳では0.5前後だった視力が、大人並みの1.0程度に。心配なのは、小学校入学という大きな環境変化で便秘になりがちなこと。また永久歯に生え替わる時期なので、虫歯対策もしっかりと！

☑ 成長スパートに備えてしっかり栄養を

「成長スパート」とは身長が急激に伸びる時期のこと。第二次性徴に入ると起こり、女子は11歳、男子は13歳ごろがピークです。それまでにカルシウムなど成長スパートに必要な栄養をしっかりとらないと、骨が伸びきらず低身長になることも。よく食べ、よく遊びましょう。

☑ いちばん大きな変化は歯

6歳ごろにまず下の前歯が抜け、6歳臼歯（奥歯）が生え、7〜8歳で上の前歯が抜け……と、6〜12歳にかけて20本の乳歯から28本への永久歯へと徐々に生え替わります。生え始めのころの永久歯は酸に溶けやすく、すぐに虫歯になるため、小学生の間は大人がしっかり仕上げ磨きをしましょう。小児歯科では虫歯予防のフッ素塗布や歯垢除去のほか、かみ方や舌の正しい位置など歯並びにも気をくばった指導も受けられるのでぜひ定期健診を。

● 歯が生え替わる時期の目安

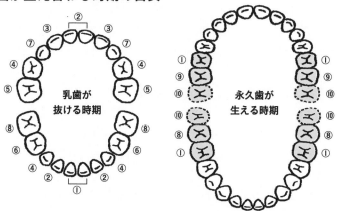

①6〜7歳　②7〜8歳　③8〜9歳　④9〜11歳　⑤9〜12歳　⑥10〜12歳
⑦11〜12歳　⑧11〜13歳　⑨12〜13歳　⑩17〜21歳（親知らず）

からだ　のこと

1
好き嫌いが多いうちの子、給食が心配です

給食の時間も
短いと聞くし、
食べきれるかな

小食で栄養が
足りているか
気になる

「嫌い」の理由を
探ってみましょう

　好き嫌いがあっても別のもので栄養が補えていればOK。子どもが未経験の食べ物をいやがるのは「触覚防衛反応」といって生存本能からくる自然な反応です。食べたあとにたまたまぐあいが悪くなった記憶があったり、舌ざわりや見た目に拒否感があることも。まずは嫌いな理由に寄り添って。味覚が発達し、食経験が増えれば、「これは食べてもいいもの」と安心し、食べられるものが増えていきます。

軽度のアレルギー反応の場合も

　トマトやさば、なすなどはかゆみのもととなるヒスタミンなどの成分が含まれ、人によっては口の中がイガイガしたり、のどがかゆくなるなど軽度のアレルギーに似た反応が起きます。無理に食べつづけると、下痢や湿疹などの症状が出たり、とても具合が悪くなる場合も。子どもが口の中の違和感を訴えた場合は、食べさせるのをやめ、小児科を受診しましょう。どんな食物もアレルゲンになる可能性があります。

20

小食・偏食を直すコツ

◎ **ハードルを下げる**

「食べても意外と大丈夫だった」という経験を増やすことがカギ。「味見だけでもしてみない?」というふうに最初のハードルは下げましょう。無理に食べさせたり叱ったりするのは逆効果。ひと口食べられたら大いにほめましょう。

◎ **間食をしすぎていないかチェック**

夕食を作っている間に、子どもがおやつでおなかを満たしてしまう場合も。朝に仕込んでおくなどして夕食の時間を早めたり、おやつを家に置かないなど工夫して。おにぎりなど夕食の一部を先に出すのもアリ。

◎ **食卓の環境をチェック**

食事に集中できる環境になっていますか。テレビをつけないのはもちろん、親もスマホチェックを控えましょう。テーブルと椅子の高さが合っているかもチェック。足がブラブラした状態だと、落ち着いて食べられません。

◎ **おうちでも食育を**

体を大きくしたり、強くするためには栄養をバランスよくとることが大事、と理解できると「食べよう」という気持ちがわいてきます。料理を手伝ってもらう、野菜を育てるなども食に関心を持つきっかけに。

#食べない #好き嫌い #ばっかり食べ #小食 #偏食 #給食 #栄養不足 #野菜嫌い

おまもりことば

好き嫌いはわがままじゃない

OMAMORI

栄養バランスがよければOK

　すべて好き嫌いなく食べる必要はありません。大切なのは五大栄養素（右図参照）をまんべんなくとること。たとえばほうれん草が嫌いなら、同じようなビタミンと食物繊維を持つにんじんやかぼちゃなどを食べればOK。すると、大人も気持ちがラクになり、食卓も楽しい雰囲気になって、子どもの食もすすみます。ヴィーガンなど特定の栄養素を排除する食べ方はNG。子どもは大人を小型にしたものではなく、体や機能が成長の途中です。重要な栄養素が足りないことが続くと、後から補うことができない場合があります。特定の食物ばかりとったり、逆に特定のものを避けたりせずにバランスよく食べましょう。

からだ　のこと

● 栄養不足になるとどうなるの？

ビタミンB₁やB₁₂が不足すると……

糖のとりすぎとバランスの悪い食事でB₁不足から「かっけ」になったり、両親の厳格な菜食主義のためにB₁₂不足から巨赤芽球性貧血になったり、脳や筋肉の発達が阻害されることがあります。

カルシウム、ビタミンD が不足すると……

骨が弱くなる「くる病」になって、O脚やX脚になったり、低身長の原因になることも。筋肉のけいれんが起きる「低カルシウム血症」になるケースもあります。

鉄が不足すると……

疲れやすくなったり鉄欠乏性貧血になったりすることがあります。長い間不足すると、子どもの場合、神経や脳の成長に支障が出たり、運動機能障害になったりすることが懸念されます。

五大栄養素をチェック

五大栄養素とは、たんぱく質、ミネラル、ビタミン、炭水化物、脂質の体に必要な5つの栄養素のこと。ビタミンは体の調子を整え、脂質は体の熱やエネルギーとなる、というようにそれぞれ働きが異なるため、バランスが大切です。

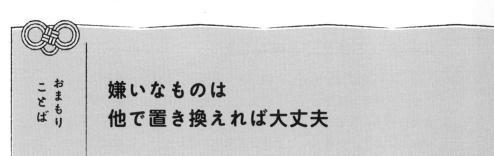

おまもり
ことば

嫌いなものは
他で置き換えれば大丈夫

OMAMORI

23

2

太ってる・やせてるは
どこからが赤信号？

ぽっちゃり体型、
このままでいいの？

食べているのに
ガリガリ。
まさか寄生虫 !?

成長曲線に沿っていれば大丈夫

体型は、同じ年齢・性別でもさまざまです。学校で年に数回測る身長と体重を成長曲線（P8〜9）の上に記入してみましょう。身長の伸びが停滞したり、急激な体重の増減があったりしたらなにか問題があるのかもしれません。小児科に相談してみましょう。その際に母子手帳があると、これまでの子どもの様子がよくわかって役立ちます。

やせている場合に心配なこと

現代の日本では寄生虫に感染している子はほとんどいません。大きな病気もしていないのに食べる量が減ったり、体重が減ったりするのは、心身に問題があることがあります。また、まれに成長ホルモンの分泌異常や心疾患が見つかることもあるので、小児科に相談を。拒食症のおそれ（P37参照）がある場合は思春期外来や児童精神科へ。

太っている場合に心配なこと

近年、小児肥満が増加し、糖尿病、高血圧、動脈硬化など、子どもの生活習慣病が問題となっています。また、体格や食習慣が定まる思春期に肥満になると、その70％がそのまま成人肥満に移行するといわれています。右ページで肥満度をチェックして、できるだけ早めに小児科へ相談しましょう。

肥満度をチェック

肥満度（%）＝
【実測体重（kg）－
標準体重（kg）】÷
標準体重（kg）×100（%）

肥満度とは、標準体重に対して実測体重が何％上回っているかを示すものです。学童児（6〜18歳）では肥満度20%以上を軽度肥満、30％以上を中等度肥満、50％以上を高度肥満と判定します。成長期の子どものダイエットは必ず専門家の指導のもとで行って。肥満外来では食事指導、運動指導などが受けられ、健康的に肥満を解消できます。

男の子の標準体重

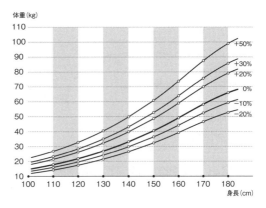

女の子の標準体重

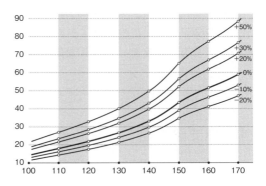

著作権：一般社団法人日本小児内分泌学会　著者：伊藤善也、藤枝憲二、奥野晃正 Clin Pediatr Endocrunol 25:77-82, 2016

おまもり
ことば

その子なりの成長スピードならいいんです

OMAMORI

3

タブレット学習や スマホゲームで目が 悪くならないか心配……

スマホにゲームに タブレット、 一日じゅう見てます

注意しても すぐ画面に 顔を近づけます

子どもの近視・内斜視が増えています

「GIGAスクール構想」によるタブレット学習も始まって、子ども のスクリーンタイムは増える一方。スマホやタブレットは近くにピン トを合わせつづけるため、目に大きな負担がかかり、近視や内斜視に なる子どもも。目を細めたり片目をつぶるなどの様子が見られたら、 眼科医に相談を。スクリーンタイムは一日1時間以内が理想。30分 視聴ごとに5〜10分の休憩をとるなど目を守る工夫も取り入れて。

外遊びで目の筋トレをしましょう

目を守るには外遊びがおすすめ。太 陽光には近視の進行を抑制する効果が あります。また、同じ姿勢で画面を見 続けると、目の疲れ、肩こりの原因に。 のびのびと体を動かしましょう。ちな みに、ブルーライトカット眼鏡はこの 太陽光をカットするので、子どもは使 用を避けて。また、ときどき遠くに目 をやるのもポイント。ピントを調節す る筋肉が休まります。

目を守る姿勢をチェック

角度と画面の
明るさを調整する

目線は画面と垂直
30cm以上離す

机はひじが直角に、
椅子はひざが
直角になる高さ

深く座り、
両足をつける

日本眼科医会「ギガっこ デジたん！」をもとに作成

画面から目を30cm以上離すには手で持たせないことがポイント。スタンドを活用しましょう。目を凝らさないですむように画面の明るさも調整を。目が疲れたら窓の外など遠くを見るようにしましょう。

おまもり
ことば

少しの工夫で目は守れる！

OMAMORI

27

4

うちの子、まだおねしょするんです

本人も
気にしていて
かわいそう

なにか
ストレスが
あるのかな……

おねしょは成長とともに減っていきます

おねしょの原因は3つ。①睡眠中に「おしっこを濃く少量にしなさい」と腎臓に指令を送る抗利尿ホルモンが充分に出ないため。②膀胱の容量が小さく、長時間おしっこをためておけないため。③眠りが深く、尿意を感じにくいため。これら排尿のメカニズムが体の成長とともに発達すれば、おねしょは自然と治ることが多いです。本人が気にしている場合もあるので、叱らないようにしましょう。

「夜尿症」とは

5歳以上の場合、1カ月に1回以上のおねしょが3カ月以上続くと「夜尿症」と診断されます。下記の受診の目安を参考に、小児科や泌尿器科に相談しましょう。病院では生活指導のほか、抗利尿ホルモン剤投薬や夜尿アラーム療法などを行います。

● 受診の目安

1年生以上でおねしょに加えて昼間ももらす場合や、ほぼ毎晩おねしょする場合は受診しましょう。週に数回おねしょする場合は、3年生以上であれば受診。1〜2年生であれば生活習慣の見直しを1〜2カ月間取り組み、改善がなければ受診しましょう。

おねしょを防ぐコツ

◎ **規則正しい生活**

早寝早起きをしたり、決まった時間に食事をとるなど、生活リズムを一定にしましょう。脳のおしっこを出したり、ためたりする指令がうまくいくようになります。

◎ **夕方からは水分控えめに**

夕食時から寝るまではみそ汁なども含めて水分はコップ1杯程度にとどめましょう。摂取した水分がおしっこになるまでに1時間30分〜2時間程度かかるため、食事を就寝時間の2〜3時間前までにすませられるとなお good。

◎ **便秘に注意**

膀胱の後ろに直腸があるため、ひどい便秘は膀胱を圧迫することも。日中の水分補給をしっかり行い、食物繊維をとるなど便秘改善に努めましょう。

◎ **寝冷え対策を**

寒いと膀胱が縮むため、おしっこに行きたくなります。とくに冬はズボンを二枚重ねにしたり、靴下やレッグウォーマーをはくなど、下半身を温めましょう。

参考：こそだてまっぷ／Gakken「おねしょの小児科受診の目安は何歳以降？」
https://kosodatemap.gakken.jp/life/health/808/

おまもりことば

OMAMORI

おねしょはこの子のせいじゃない

からだ のこと

5

便秘がちでつらそうです

ときには
おしりから血が
出ることも

恥ずかしいから、と
学校のトイレに
行きたがりません

7歳は便秘になりやすい年齢

　小学校に入学する7歳は便秘の好発年齢です。入学による環境の変化でストレスがかかるほか、学校の和式トイレの使い方がわからなかったり、怖い、汚い、恥ずかしいとトイレに行くことに拒否感を持つことが原因かもしれません。たかが便秘と放置すると、よりいっそう便が出づらくなり、治療にも時間がかかります。週に3回未満の排便や、5日以上出ない場合は小児科へ相談しましょう。

便秘はお医者さんと治しましょう

　便秘は放置すると悪化しやすい病気。直腸にたまった便は水分が腸に吸収されてかたくなり、いきんだときに痛い思いをします。すると、子どもは排便を我慢するようになり、ますます便秘に。早めに小児科へ相談を。治療は、浣腸や座薬などで直腸をからっぽにしたり、生活指導や腸の動きをよくする薬などで排便を促したりします。いつ、どんな形状の便が出たか、排便記録をつけると治療に役立ちます。

おうちでできる便秘対策

◎ **朝うんちの習慣を**

学校のトイレでは落ち着いてできない場合は、朝、おうちでうんちタイムを。起き抜けにコップ1杯の水を飲むと腸が動き、うんちが出やすくなります。ただし、長時間いきむのは肛門の痛みや出血などの原因になるのでNG。

◎ **和式トイレの練習を**

学校のトイレが和式の場合は、駅や公園にある和式トイレでしゃがんで排便する練習を。「落ちそう」「お化けが出そう」などと怖がる子もいるので、親が付き添って場所慣れさせることも大切です。

◎ **水分補給を忘れずに**

保育園や幼稚園では水分補給を先生が促してくれましたが、小学校では自発的にしなければいけません。また、汗をかかない秋冬は水分補給を忘れがち。繰り返しアナウンスして習慣づけしましょう。

◎ **よく食べ、よく出そう**

お菓子やジュースばかりだとうんちの量が増えず、便秘に。おやつは食物繊維の多い焼きいもや果物に。そのほか豆類、かぼちゃ、ほうれん草などもおすすめ。便をやわらかくする油脂の多いポテトチップス、チョコレートも適度に取り入れると◎。

おまもり
ことば

便秘はお医者さんと二人三脚で

OMAMORI

知っておきたい 小4〜6年生のからだ

からだ　のこと

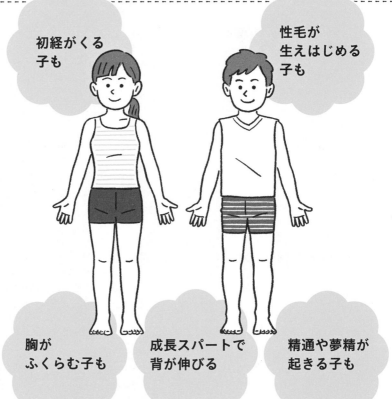

初経がくる
子も

性毛が
生えはじめる
子も

胸が
ふくらむ子も

成長スパートで
背が伸びる

精通や夢精が
起きる子も

☑ **第二次性徴に入って、大人の仲間入り**

　高学年に入ると第二次性徴が表れます。急激に背が伸びる「成長スパート」が始まり（女の子は11歳、男の子は13歳がピーク）、その終わりとともに女の子は初経がきて、以降、身長の伸びが停滞します。女の子の二次性徴の多くは胸がふくらむ→性毛が生えはじめる→初経の順に起こります。男の子で夢精や精通などが表れるのは中学生になってからがほとんどですが、体つきががっしりしてきたり、成長痛を感じることもあります。

☑ 成長スパートからの成長痛にご用心

よく運動した日の夜に腕や脚を痛がったら成長痛かもしれません。筋肉痛とはまた別の、骨が伸びる痛みです。共感してさすってあげるだけでもラクになることも。痛みがひどい場合は小児科や整形外科を受診しましょう。解熱鎮痛剤や湿布などを処方されることがあります。

☑ 初経や精通などの戸惑いをサポートしましょう

高学年は男女ともにどんどん変わっていく自分の体に戸惑う時期。夢精や経血にびっくりして、なにか病気なのではと人知れず悩む子も。体のことは面と向かって相談しにくいもの。自分でこっそり調べられるように、おうちの本棚に二次性徴について解説した子ども向けの本（P67参照）を置いておくと◎。また、人間関係の悩みにぶつかる年ごろ。不眠や食欲減退などが長く続く場合はその背景を探りましょう。

6

背が低いうちの子、ずっとこのままでしょうか

たしかに両親とも
低いけれど……

よく食べ、
よく寝ているのに
なにかの病気？

両親の身長から伸びを予測できます

　身長は遺伝的要素が大きく、両親の身長から子どもの最終身長を予測することができます（下記参照）。成長曲線の基準範囲に入っていて、その子なりに順調に伸びていればOK。もし基準範囲から大きくはずれたり、成長が停滞している場合は成長ホルモンが充分に出ていなかったり、染色体や骨の病気によることも。また身長が伸びすぎる場合も思春期早発症などの可能性が。小児科に相談を。

● **最終到達身長の予測**　※この計算式は目安です

男の子：（両親の身長の合計＋13）÷2＋2

女の子：（両親の身長の合計−13）÷2＋2

成長スパートでしっかり伸びきるために

　「成長スパート」は、高学年以降に訪れる、身長がぐんぐん伸びる時期のこと。女の子は初経、男の子は声変わりがくるころに身長の伸びが鈍化するため、ここでしっかり伸ばすことが大切です。骨や筋肉をつくるカルシウムやたんぱく質などをしっかりとることと、適度な運動、成長ホルモンの分泌を促す睡眠がポイントです。

背が伸びる方法　ウソ・ホント

◎ 背が伸びるサプリって効果ある？

身長にかかわる栄養素は、骨をつくるカルシウムやビタミンD、ホルモンの分泌を調整する亜鉛など。サプリでこれらの栄養素の不足分を補うならよいですが、充足しているところに追加すると健康をそこなうおそれがあります。

◎ 「寝る子は育つ」ってホント？

たしかに成長ホルモンは睡眠中に多く分泌されます。ただしよくいわれる「22〜2時のゴールデンタイムに寝ないと成長ホルモンが出ない」は誤解。何時であっても眠りさえすれば成長ホルモンは出ます。

◎ トランポリンで背が伸びるってホント？

特定の運動が背を伸ばすという医学的根拠はありません。ストレッチなどで筋肉の柔軟性を高め、有酸素運動で骨格筋を刺激して血液の循環をよくすることで運動機能を向上させ、間接的に身長を伸ばすことが期待できます。

おまもり
ことば

その子なりに伸びていれば大丈夫

OMAMORI

35

7

体型を気にして
ごはんを食べたがりません

> ぽっちゃりと
> 学校でからかわれた
> みたい

> 太っている
> わけでも
> ないのに……

どうして気にしているのか理由をきいてみましょう

　なぜダイエットをしたいと思ったか、きいてみましょう。周囲のからかいや、スリムなのに太っていると感じる、誤ったセルフイメージを持っているのかも。ＳＮＳ上の画像加工された体型にあこがれたり、「身長160㎝・体重38㎏」など、架空のプロフィールを信じ込んでいる場合も。また、大人が無意識にコンプレックスを持たせる言動をしていないかもチェックして。ありのままのあなたが素晴らしいということを伝えましょう。

● こんなこと言っていませんか？

> 芸能人をTVで見て
> 「この人、太ったね〜」

> 外で「うちの子
> 食べてばっかりで」
> などとイジる

> まわりの子と比べて
> 「〇〇ちゃんみたいに
> やせたら？」

> 「おデブちゃん」
> などとからかう

成長期のダイエットは危険です

　成長期にダイエットをすると骨ができ上がる前に栄養が不足することになり、本来の密度や長さに成長しきれず、生涯にわたって骨密度が少なくなることも。また、栄養不足は脳の発達にも影響を与え、女の子であれば生理・排卵が止まってしまうことも。ダイエットの危険性を伝え、それでもやせたがったり、家族に隠れて吐き戻しをしているようなら児童精神科を受診して。拒食症の可能性があります。

これも気になる

いつも「おなかすいた」と言ってご飯を何杯もお代わりします。

成長期には不思議なほど食欲がわいてきて、一日5食などたくさん食べる子は一定数います。肥満度（P25）をチェックしてみて20％未満ならそのままでOK。20％以上の場合は生活習慣病が心配なので、肥満外来を受診し、相談してみましょう。

おまもりことば

OMAMORI

どんなからだも、すてきなからだ

8

寝起きが悪く、朝はいつもバタバタです

夜更かしして、日中ぼーっとしています

中学受験の勉強で睡眠不足が心配

睡眠不足はイライラや肥満のリスクも

睡眠不足は注意力・記憶力の低下、気分障害、イライラ感、肥満のリスク増など、さまざまな悪影響が。小学校から塾に通う子も増え、子どもの睡眠時間はますます短くなっています。覚醒中に学んだことを睡眠中に脳に定着させるため、受験勉強中であっても睡眠時間はしっかり確保を。ただ、ベストな睡眠形態は人それぞれ。「8時間睡眠」「21時就寝」といったルールに縛られすぎなくてもよいでしょう。

まず親から朝型生活を

子どもが朝起きられないのは大人の就寝時間に合わせていっしょに夜更かししているからかもしれません。まずは大人から朝型生活に切り替えて。たとえば、朝早く起きて夕食の仕込みをすれば、子どもの帰宅後すぐに夕食を食べられ、就寝時間も前倒しに。大人もいっしょに眠れば家族みんなでいい睡眠が得られます。日本の女性が世界で最も睡眠時間が短いというデータもあるので、大人自身の睡眠も守りましょう。

すっきり起きられるコツ

◎ 入浴は
入眠の1時間前までに

人は放熱し、深部体温が下がるとスムーズに入眠できます。体温が上がる入浴は就寝時間の1時間前までにはすませましょう。夕食前に入浴するのも手。どうしても遅くなる場合は長湯は避け、さっとすませて。

◎ 同じ時間に起きて
日ざしを浴びて

土日でも平日と同じ時間に起きて、体内時計をくずさないことが大切です。また、起きたらカーテンを開けて日ざしを浴びましょう。睡眠ホルモンであるメラトニンの生成に必要なセロトニンが分泌されます。

おまもり
ことば

OMAMORI

親子いっしょの朝型生活が大吉

9

ワクチンの 副反応が心配で、 受けさせるか迷います

HPVワクチンの お知らせが 来たけど……

インフルエンザの 予防接種って 効果あるの？

安全が証明されたものしか打てません

　ワクチン（予防接種）は感染症を予防する最も重要な方法。国による何重もの安全チェックを通ったものしか承認されないので安心して接種して。それでも副反応が気になりますよね。副反応とされるものには①発熱・腫れなど軽微なもの、②アナフィラキシー・脳炎など重篤なもの、③因果関係のない有害事象（接種後、偶然交通事故に遭ったなど）、④デマ、の４つがあり、気にするべきは②。最近のワクチンは改良され、②も大幅に減っています。

小学生の接種忘れに気をつけて

　乳児や幼児の間は頻繁に予防接種があるため忘れないのですが、小学校に入ると病院に行く機会自体が減って、接種を忘れがち。また、四種混合ワクチン（百日せき・ジフテリア・破傷風・ポリオ）だったものがHibワクチンも含んだ五種混合ワクチンになったり、ロタウイルスワクチンが任意接種から定期接種に変わったり、内容も年々変わります。心配な場合は母子手帳を持って小児科か保健所で確認を。

ワクチンのうわさ ウソ・ホント

◎ **インフルエンザワクチン は効果なし？**

有効であることが最新の研究で明らかにされています。流行している型と異なるワクチンでさえ、感染してから発症する可能性を抑える効果、発症してから重症化を防ぐ効果があります。10月〜11月の接種が効果的。

◎ **子宮頸がんを防ぐ HPVワクチンは 不妊症になる？**

HPV（ヒトパピローマウイルス）ワクチンは、日本では長期間勧奨が差し控えられ、やっと再開。大規模な調査研究で重篤な副反応が起こることは否定されていて、すでに世界中50カ国以上で男女ともに公費助成で受けるワクチンです。

◎ **HPVワクチンは 男の子も受けたほうが いい？**

ヒトパピローマウイルスはありふれたウイルスです。男性自身も感染によって肛門がんになったり、感染を広げたりするリスクがあります。昔の風疹ワクチンがそうだったように、女子だけでなく全員が受けるほうが効果的です。

おまもり
ことば

ワクチン接種は子どものおまもり

OMAMORI

おまもりニュース

育児デマにご注意を

　小さな声も大きく、正しい声に見せかけることができるのがネット社会。「ワクチンは製薬会社がもうけるためで効果はない」「このサプリで背が伸びた」などさまざまな育児デマがあふれています。うのみにすると、子どもを危険な状態にさらすことも。その情報は確かか、まずは疑う目を持ちましょう。

育児デマにひっかからないコツ

からだ
のこと

◎ 伝聞系は要注意

「〜だそうです」「〜といわれています」という伝聞系の記事は要注意。いかにも専門家のお墨つきの情報であるように見えますが、その出所は不明。記事作成者の責任の所在をあやふやにするテクニックです。

◎ 反対の説の記事もチェック

「私は幅広いサイトから情報を得ているから大丈夫」という人も、じつはネットのリコメンド機能にすすめられるまま、かたよった意見ばかりを目にしている可能性が。あえて反対の説で検索し、見比べるといいでしょう。

◎ キャッチーな言葉には毒がある

「魚を食べれば頭がよくなる」など断言系の言葉も要注意。本当は「魚に含まれるDHAが人間の脳にも含まれていて……」といったことを、都合よくかいつまんでいる場合が。見出しだけで納得せず、根拠をたどりましょう。

◎「医師が監修」にごまかされないで

SNSで見かける「医師が監修」「専門家推奨」などの言葉。医者だからといってその意見が最新のもので正しいものとはかぎりません。また、肩書が自称の可能性も。信頼のおけるかかりつけ医に相談しましょう。

その育児のうわさ…… 本当ですか ❓

ステロイドは体に毒

「一度使ったらやめられなくなる」など1990年代に誤った報道がなされ、代用品を売りたい業者によっていまだに流布されています。実際は皮膚の炎症を鎮める効果的な薬で、使用量や使用期間を守れば危険性もありません。

痛み止めは癖になる

まったく根拠ナシ。痛みを解消できる薬があるのに我慢する理由はありません。むしろ、解熱鎮痛剤は痛みがひどくなる前にのむほうが効果があるので、発熱にともなうあちこちの痛みや成長痛などは我慢させずにすぐ服用させましょう。

なんでも無添加、自然素材がいい

たとえば無添加のオーガニック食材しかとっていなくても、アレルギーの予防はできませんし、栄養価は変わりません。服、家、交通手段、電子機器、通信機器もよりよく生きるための、先人たちの英知です。そうして人は生きてきたのです。

牛乳は飲んじゃダメ／牛乳を飲むと背が伸びる

特定の食べ物の栄養効果だけで体型が変わったり、病気が治ったりすることはありません。逆に、特定の栄養素を排除するのも体に害を及ぼします。P22で述べたとおり、大切なのは栄養バランスです。

からだのこと

OOMAMORI

監修

森戸やすみ先生より

（小児科医）

「ナナメ」の関係を
つくってあげましょう

小児科で診察していると、「うちの子が引っ込み思案なのは母乳で育てられなかったせいかも」などかたよった情報に振り回され、自分を責めている親御さんに出会います。「大丈夫、あなたはよくやっています」とまずは伝えてあげたいですね。そもそも「子どもを守れるのは親だけ」と思うのは危険。なんでも親のせいではないし、親には言えないけれど、もうワンクッション置いた関係なら打ち明けられる悩みもあります。学校の先生、親戚のお兄さん・お姉さん、近所のおじさん・おばさんなど「ナナメの関係」があると、いざというとき子どもの頼もしいセーフティネットになるでしょう。子どもは社会全体で育てるもの。思い詰めず、広い視野で子どもを見守りましょう。

からだのこと　参考文献：『子育てはだいたいで大丈夫』『小児科医ママとパパのやさしい予防接種BOOK』（内外出版社）

CHAPTER 2

性のこと

赤ちゃんって
どこからきたの？
ドキッとするけど
ちゃんと答えたい
大人のからだに
近づいていく
そのとまどいも
受け止めたい
あなたが
だれかを愛するとき
そのあなたごと
大切にできるように

知っておきたい **性教育のこと**

性

のこと

自分のからだも
相手のからだも
大切にできる

性犯罪から
身を守れる

自分という
命の素晴らしさ
に気づく

将来、
パパ・ママになる
ときにも役立つ

☑ 子どものからだとこころを守る「性教育」

「性教育」は深くて広いテーマ。自分の体を大切にすることから、相手の心を大切にすることまで知ることができます。妊娠・出産の成り立ちを知って、命の奇跡に気づいたり、初経や精通について学ぶことで異性へいたわりの心を持ち、思春期の戸惑いと暴走を予防できます。また、暴力や性被害に遭ったとき、「これはおかしいこと」と気づいて早くだれかに助けを求めることができます。子どもをまるごと守る鎧（よろい）が「性教育」なのです。

✓ 性教育は早ければ早いほどいい

ユネスコの「国際セクシュアリティ教育ガイダンス」では、性教育は5歳から。自分の体の大切さを知ることから始まります。幼いうちから自分の体を好きでいることで、性被害の予防につながり、思春期で自信が揺らいだときにも頼もしい基盤となってくれます。

✓ 性教育は生理や避妊の話だけじゃない！

昔の性教育は男女別々の教室で生理や勃起について学ぶものでした。現在の性教育はもっと幅広く実践的なもの。心の性と体の性、さまざまなジェンダーの形や、「プライベートゾーン」「バウンダリー」といった自分の体を大切にする考え方、デートDVや性差別についてなど、いろんな角度から自分と相手を大切にする方法を学びます。私たち大人も「恥ずかしいこと」「エッチなこと」という意識から「性教育は人権教育」にアップデートしましょう。

性

のこと

1

「赤ちゃんはどこから きたの?」ときかれました。 なんて答えるべき?

恥ずかしくて どう説明したら いいのやら

セックスの 話をするのは まだ早い?

赤ちゃんって どこからきたの?

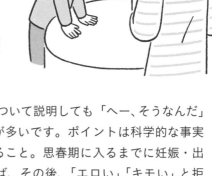

性教育のチャンス到来! 逃さないで

　小学3年生ごろまでは、性交について説明しても「へー、そうなんだ」とすんなり理解してくれることが多いです。ポイントは科学的な事実を科学的な言葉で淡々と説明すること。思春期に入るまでに妊娠・出産について正しく理解していれば、その後、「エロい」「キモい」と拒否反応が起こったときにも「でも、大事なことだよね」とワンクッション置くことができます。右ページの「答え方のコツ」もぜひ参考に。

「寝た子を起こすな」というけれど……

　「早くから性交について教えたら、子どもが興味を持ってしまうのでは?」という心配をよく聞きます。でも、性交についてはいずれ知ること。そのときに、AVなど誤った暴力的な形で知るのか、正しく科学的な形で知るのかでは、後者のほうが断然いいですよね。もし、大人が教える前に子どもに誤った情報が伝わってしまったら、正しい情報に上書きしてあげましょう。

性の疑問、答え方のコツ

◎ **どうして知りたい
のかをきこう**

まずは、なぜそれを知りたいと思ったかきいて
みましょう。それによって伝えるべきことも変
わります。何でもきいていい、恥ずかしいこと
じゃないという雰囲気をつくるために、「いい
質問だね」とほめることも大切です。

◎ **「必ず答える」と
約束してから準備を**

いきなり答えると、しどろもどろになったり、
余計なことを言ってしまったり、子どもに「き
いたらいけなかったかな」と思わせてしまいま
す。「必ず答えるからちょっと待っててね」と
言って、事前の準備をしましょう。

◎ **絵本があれば
伝えやすい**

性教育について描かれたすぐれた絵本がたくさ
んあるので、それを親子で見ながら伝えてみま
しょう。口下手な人でもこれなら大丈夫。口で説
明するより絵のほうが理解もスムーズです。P50
の「おまもりえほん」もぜひ使ってみてください。

◎ **あわせて
プライベートゾーン
の話も**

ただ妊娠・出産を説明するだけでなく、だから
あなたの体は大切で、とくに「プライベートゾー
ン」（P51参照）は勝手にさわったりさわらせ
たりしちゃダメなんだよというところまで伝え
て。性被害予防にもつながります。

おまもり
ことば

OMAMORI

性の疑問は
子どもの心と体を守る大チャンス

49

妊娠・出産についてイラスト入りで
わかりやすくまとめました。
親子で一緒に読んで疑問を解決しましょう。

赤ちゃんはどこからきたの？

1.

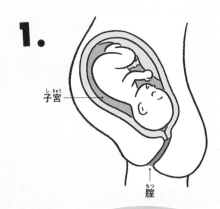

子宮

腟

はじめ、赤ちゃんは
小さなたまご（受精卵）だったんだ
女の人のお腹の中には
子宮という袋があって
そこでたまごがどんどん育って
みんなの知っている
赤ちゃんのすがたになるんだよ

女の人の脚と脚の間には
「腟」っていう
赤ちゃんの通り道があって
そこを通って
赤ちゃんは生まれるよ
腟は女の人だけにある穴で
おしっこが出てくる穴と
うんちが出てくる
穴の間にあるんだ

2.

3.

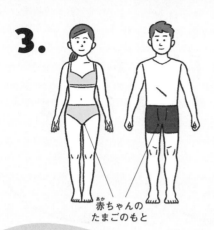

赤ちゃんの
たまごのもと

じゃあ赤ちゃんのたまごは
どうやってつくると思う？
男の人も女の人も
赤ちゃんのもとを
半分ずつ持っていて
ふたつが一緒になると
赤ちゃんのたまごになるんだ

4.

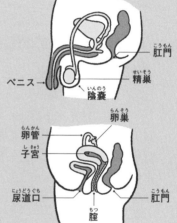

肛門
ペニス→
精巣
陰嚢
卵巣
卵管
子宮
尿道口
肛門
膣

男の人の赤ちゃんのもと（精子）は
金玉（精巣）でつくられる
女の人の赤ちゃんのもと（卵子）は
卵巣にあるよ
男の人はおちんちん（ペニス）を使って
女の人の膣を通って
精子を卵子へ届けるんだ
そしてお腹の中で精子と卵子が出会うよ

5.

みんなのおちんちんや膣もとっても
大切だってことわかったかな
おちんちんや膣のように
からだの中につながるところは
「プライベートゾーン」といって
自分だけの大切なところ
ひとに触らせない　見せない
がルールだよ

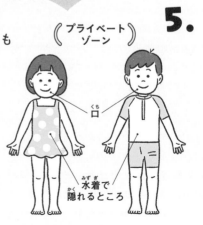

プライベート
ゾーン

口

水着で
隠れるところ

51

2

「おっぱい」「ちんちん」 など下ネタを止めるには？

注意すると
おもしろがって
もっとやります

ふざけておしりを
出したりするので
性犯罪が心配

「あなたが」恥ずかしいことなんだよ、と伝えて

「下ネタはおもしろい」という意識を変えるには、学校やクラスで「下ネタ、かっこ悪い」というムードがあるかどうかも大事。あまりひどい場合は先生に相談してクラス全体で学ぶ機会を作ってもらいましょう。妊娠・出産のしくみやプライベートゾーンについて正しく理解していれば、「こんなこと言うのはおかしい」と自分で気づけるはず。また、子どもは大人がうろたえると、もっと言いたくなります。反応せずに「恥ずかしいのはあなたのほう」と諭すのもよいでしょう。

「バウンダリー」を教えるチャンス

「バウンダリー」とは、人と人との間に
ある境界線のこと。だれもがバウンダリー
を持っていて、ここまではOK、ここか
らはNGという線引きを自分で決められ
ます。たとえば、下ネタを聞きたくない
人がいるのに話すのはバウンダリー違反。
バウンダリーには「体のバウンダリー」
「心のバウンダリー」「持ち物のバウンダ
リー」があり、これらが身につくと、自分
を守り、相手を尊重することができます。

大人がやりがちなバウンダリー違反

◎ いやがっているのに
抱きつく

「親子だからいいじゃない」といやがっているのに抱きついたり、ほっぺにチューしたりするのは、体のバウンダリー違反。勝手に髪を切る、染めるなどもNG。それをしたいか、したくないか決めるのは本人です。

◎ 勝手に習い事や
交友関係を決める

本人の意思に反して習い事を勝手に決めたり、やめさせたり、大人の考えた進路を押しつけるのは心のバウンダリー違反。「あの子と遊ぶのはやめなさい」など交友関係に口を出すのもNGです。

◎ 無断で日記を読む

こっそり日記やスマホを見たり、無断で子どもの大切にしている漫画やおもちゃを捨てたりするのは、持ち物のバウンダリー違反。大人のお金で買ったものだとしても、どうするか決める権利は本人にあります。

おまもり
ことば

相手がいやがることをするのは
「バウンダリー」違反

OMAMORI

53

親子で一緒に学ぼう

バウンダリーの考え方を
子どもにもわかりやすく絵本にしました。
親子で一緒に読みましょう。

みんな持ってる"バウンダリー"

1.

誰もがみんな、
自分の境界線を持っている
英語でバウンダリーっていうよ
自分のからだもこころも
持ち物もどうしたいか、
どんなことが嫌なのか
決めるのは自分ってこと

2.

バウンダリーには3種類ある
ひとつめは「からだのバウンダリー」
「握手はいいけど、
抱きつくのはダメ」
「ママと手をつなぐのはいいけど、
友達とはイヤ」
「昨日はイヤだったけど、
今日ならいい」
全部、自分で決めていいんだ

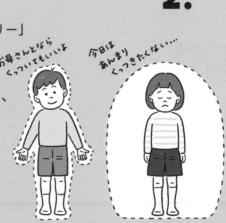

お母さんとなら
くっついてもいいよ

今日は
あんまり
くっつきたくない……

3.

ダンスが
好きなんて変!!
サッカーにしなよ

ふたつめは「こころのバウンダリー」
勝手に自分の意見を決められたり
なにかを好きな気持ちを否定されたり
イヤだって言ってるのに
聞いてくれないのはこころの
バウンダリー違反だよ
何を考えて、何を思うのか、
心は自分のものなんだ

4.

みっつめは「持ち物のバウンダリー」
たとえ家族でも
自分のものを勝手に捨てられたり
秘密にしたいものをこっそり見られたり
大切にしてるものを
とったりされるのはイヤだよね
自分の持ち物をどうするかは
自分が決めることなんだ

いないうちに
すてちゃおうっと…

5.

誰もが自分のバウンダリーを
持っている
境界線を飛び越えてくる人がいたら
ダメっていう権利がみんなにあるよ
自分のバウンダリーも
相手のバウンダリーも
大切にしようね

NO!

参考：福岡県性暴力根絶啓発動画「境界線ってなに？」（作成：福岡県生活安全課　監修：性暴力被害者支援センター・ふくおか）
https://youtu.be/uamOl9v3o80　バウンダリーについてわかりやすく解説されています。

3

性

のこと

お風呂はいつまで いっしょに入っても いいの？

銭湯では
7歳以上は混浴禁止
になったけど……

異性のきょうだい
と入るのはOK？

年齢で区切らなくても大丈夫

　お風呂はスキンシップの場であり、性教育の場でもあります。公衆浴場では7歳以上の混浴は禁止となりましたが、家庭では年齢で区切らなくても大丈夫。親と子のどちらかが違和感を感じたときが卒業のタイミングです。「次の学年になったら一人で洗おうね」とカウントダウン方式にすれば、寂しくありません。また、女の子の場合、初経がきたら必ず混浴卒業を。家族間の性被害を万が一にも防ぐためです。

家族間でも「プライベートゾーン」はあります

　異性のきょうだいの場合、いつまでいっしょに入浴させるか悩みどころですよね。まずは家族でもプライベートゾーンはさわってはいけないこと、見せないことを双方にしっかり伝えて。きょうだいのどちらかがいやがったり、恥ずかしがったりしたら混浴は避けるべき。お風呂上がりに裸でリビングをうろつくのもNGです。シビアな話ですが、きょうだい間の性暴力はどんな家庭でも起こりえるという認識を持つことが大切です。

「いっしょにお風呂」卒業のコツ

◎ タイミングは
　「初経」と「違和感」

親と子、きょうだい間、だれかがいやだなと思ったり、恥ずかしいと思ったら、いっしょにお風呂に入るのは避けましょう。また、女の子の場合は違和感がなかったとしても初経がきたら必ず混浴は卒業しましょう。

◎ カウントダウン方式で

いきなり「今日から別々ね」というのも親子ともども寂しいもの。「来月から」というようにカウントダウン方式で卒業しましょう。性器や下着の洗い方、かけ湯など、伝えるべきことはこの間にレクチャーして。

◎ あわせて
　自室の準備もしよう

混浴卒業のタイミングで、お風呂上がりにパンツ一枚でリビングをうろうろするのも卒業。裸でクールダウンしたかったら「自室ならOK」というルールにしては。このタイミングで自室をつくるのもよいでしょう。

おまもり
ことば

OMAMORI

家族みんなの
プライベートゾーンを大切に

4

子どもがエッチな動画を見てしまいました

> パパの
> タブレットから
> 見ちゃった!

> スマホにエッチな
> 広告が流れてきて……

見せない努力をするのが大人の責任

アダルトコンテンツは18歳以上の大人のために作られたもの。共用のタブレットでは大人もそういったものを見ない、フィルターをかけるなど、子どもの目に触れさせない努力をするべきです。見てしまった場合、心配なのはセックスを気持ち悪いものだと思ったり、「無理やりやってもいいんだ」などと性的興奮のために作り上げた世界を本物だと信じてしまうこと。誤った知識は次のように上書きをしましょう。

「作り物」だということを伝えましょう

まず、アダルトコンテンツで描かれるセックスは作り物であるということを伝えましょう。本当のセックスは、お互いの合意をもとにした愛のあるコミュニケーション。どんな動画か大人の目でチェックして、おかしいと思う描写は訂正を。とはいってもなかなか話しづらいですよね。こういうときこそ学校に頼って。クラス全体で性の認識を改めれば、「あれって変だよね」というやりとりができる仲間を作ることができます。

> これは
> つくりものだよ

アダルトコンテンツを
見てしまったときの声のかけ方

● 偶然見てしまい、
ショックを受けている場合

怖かったよね

まだ低学年のうちに、セックスが何かもわからない状態で見てしまった場合、「びっくりしたよね」「どう思った？」とまずは気持ちに寄り添って。そのうえで、これは大人が赤ちゃんをつくるためにする行為で、子どもにしようと言ってくる人は悪い人だということを伝えましょう。

どう思った？

ポルノは
18歳以上のもの

● 子ども自身が見たくて見ている場合

作り物だと
わかってね

隠れてこっそり見ているような場合、見たい気持ちを止めることはできません。まず、これは大人のために作られたもので、正しい判断のできない18歳未満は見るべきではないこと、どうしても見る場合も、作り物だということをわかったうえで見てほしいことを伝えましょう。また、本来は愛のある行為だということも忘れず伝えて。

おまもり
ことば

アダルトコンテンツは
「作り物」だと伝えよう

OMAMORI

「男らしく」「女のくせに」 子どものジェンダー差別が 気になります

性差別しない子に 育ってほしい

公平な ジェンダー感覚を 身につけるには？

男のくせに 花柄のふでばこ 変なの〜!!

叱るのではなく 「知らせる」こと

「男がピンクを好きなんてヘン！」「女どうしで結婚なんて気持ち悪い」など子どもが無邪気に発言したときに、叱ると反感が募り、余計に凝り固まった考えに。「そうじゃない考えもあるよね」と多様な価値観を知らせましょう。ジェンダーに関する絵本もたくさん出ています。また、無意識のうちに大人が性差別を子に植えつけている場合があります。まずは大人から最新のジェンダー感覚を身につけて。

学校での取り組みもチェックしよう

家庭内でジェンダー差別をしないように気をつけていても、周囲が差別をしていたら染まってしまいます。差別的な言動が増えたら、学校ではどんな指導をしているのか、ジェンダーについての授業はあるのかなど確認してみましょう。なかには体の性と心の性が合致せず悩む子も。担任の先生や保健室の先生にあらかじめ伝えて、周囲からかわれることがないよう、対策をいっしょに考えましょう。

大人のやりがちジェンダー差別

おもちゃや服、食器などを、その子の好きな色ではなく性別で親が勝手に選んでいませんか。フリフリのドレスなどその子の趣味ではない格好を押しつけるのもNG。本人の意向をまずは聞いて。

> ○○くんは青、
> △△ちゃんはピンク
> のおもちゃね

「男は泣くな、強くあれ」「女は愛嬌、やさしくあれ」など、理想のジェンダー像を押しつけていませんか。性格や感情に性別は無関係。性別を根拠に叱咤激励するのは間違いです。

> 男はめそめそ
> 泣くんじゃない！

ゲイの人の格好やしゃべり方をあざ笑ったり、「うわ、男どうしでデートしてる」とそれがいけないことのように言うのは間違いです。LGBTQ、さまざまな性があり、どんな形も尊重されるべきです。

> オカマって
> ヘンだよね

夫婦共働きの家庭がこんなに増えた今でも「男性が稼ぎ頭」「女性は家のことをしていればいい」といった根強い考えが残っています。職業や夢を性別で制限してはいけません。

> 女の子なんだから、
> そんなに
> 勉強しなくていいよ

おまもりことば

ジェンダーから解放されれば
みんながどんどん生きやすくなる

OMAMORI

6

性

のこと

初経について
どう伝えるべき？

> そろそろ
> くる年ごろ
> だけど……

> 何をどう教えれば
> いいやら……

ママの生理を話のきっかけに

　ふだんからママの生理用ナプキンを買ったり、生理痛で痛み止めをのんだりする姿を見せて「あなたもいつか始まるよ。成長のあかしでうれしいことだから始まったら教えてね」と伝えておくと、いざ初経のときに本人もさらっと大人に報告できます。初経がくるのは胸がふくらみはじめて1年後くらい。10歳6カ月未満で初経がきた場合は思春期早発症なので小児科に相談を。P64のおまもりえほんも参考に。

婦人科デビューをしよう

　生理痛がつらいときは、子どもも解熱鎮痛剤をのんでOK。もし一度の月経で4回以上痛み止めをのむほどつらいなら受診して相談を。最近では「プロゲストーゲン・オンリー・ピル（POP）」という副作用が少ないホルモン剤による治療や、生理を4カ月に1回に減らせる「120日ピル」も登場しました。今は生理のつらさは我慢しなくていい時代。子どものうちからかかりつけの婦人科があるとその後も大きな安心になりますよ。

初経の前に伝えたいこと

◎ 正しい性器の洗い方

石けんの泡でまずは性器の外側から。次に腟とおしっこの穴（尿道口）のまわりを洗います。ひだは指を使ってやさしくていねいに。必ず前から後ろに洗いましょう。腟の中まで指を入れてゴシゴシ洗うのはNG！　腟を守る常在菌まで洗い流してしまいます。腟内は酸性なのでアルカリ性石けんはしみる場合も。専用石けんを使ってみて。

◎ おりものについて

10歳前後になるとおりものが出てきます。なにかの病気かと人知れず悩む場合があるので説明しましょう。①量や粘度は人によっても時期によっても変化すること。②酸っぱいにおいなのは乳酸菌が含まれているからで問題ナシ。③黄色や茶色、黒っぽいおりものが出たら相談すること。④下着は自分でかるく水で洗ってから洗濯機へ。

これも気になる

初経のお祝い、する・しない？

初経がきたことをパパやきょうだいにもオープンにしていいかどうかは本人の意向を尊重して。ママと2人だけでパフェでお祝い、なんていうのも素敵ですね。大切なのは、何か困ったことがあったときに、いつでも相談してもらえる雰囲気づくり。ママの初経の思い出話をするのもいいですね。

おまもり
ことば

OMAMORI

初経はすこやかに成長したしるし

親子で一緒に学ぼう

生理が起こるしくみやケア方法を
イラストとともにご紹介。その日に備えて、
一緒に生理のお勉強をしましょう！

生理（月経）ってなあに？

1.

ある日パンツに血がついてびっくり！
これは初経（初潮）といって、
初めての生理のこと
生理は月1回起こり、
正しくは「月経」というよ
生理の血は「経血」といって
腟から3〜7日間出る
病気やケガではないから安心してね
からだが順調に成長しているしるしだよ

〈生理のしくみ〉

①卵子が卵管に入ってくる
　このとき、精子とくっついたら、赤ちゃんのたまご「受精卵」ができるよ
②受精卵がやってきたときのために、子宮の内側の膜が血液をふくんでふかふかのベッドのように分厚くなる
③受精卵ができなかったときは、ベッドはいらないから腟から外へ出される

これが生理のしくみ。
こうやって毎月準備をしているんだ

2.

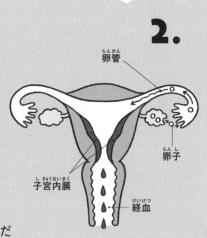

卵管
卵子
子宮内膜
経血

3.

ナプキン

吸水型パンツ

タンポン

経血で下着を汚さないようにいろんなグッズがあるよ。ナプキンは手軽で、タンポンは漏れにくくてプールもOK 組み合わせるなど、いろいろ試そう

ナプキン…パンツのまたの部分に貼って使う。
2～3時間に1回取り替えて
タンポン…棒のような形で腟に入れて使う。
8時間以内に取り替えよう
吸水型パンツ…パンツ自体が経血を吸収する。
洗濯して何度も使えるよ

4.

生理の時は経血を外へ出そうと
子宮が縮んだりのびたりして
お腹が痛くなることがある
痛くなりそうだなと思ったら
痛み止めをのもう
生理は「ピル」という薬で
ずらすことができるよ
旅行や大事な用事が重なった時は
婦人科で相談してみよう

5.

経血が下着についてしまったときは
流水でやさしく洗おう
それでもとれない場合は
洗剤や重曹を溶かした水かぬるま湯に
1時間くらいつけたあと
軽くもみあらいして、洗濯機へ
他の洗濯物と一緒に洗おう
吸水型パンツも同じだよ

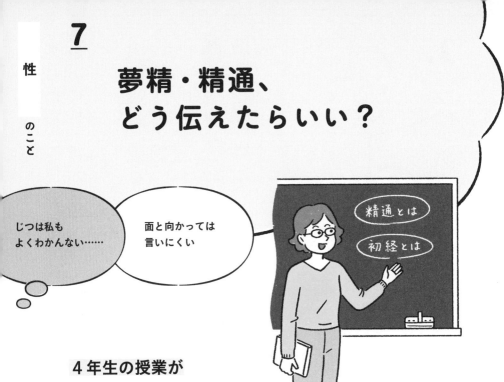

7

夢精・精通、どう伝えたらいい？

じつは私も
よくわかんない……

面と向かっては
言いにくい

精通とは

初経とは

4年生の授業が
グッドタイミング

　男の子は女の子より第二次性徴が2年ほど遅く、実際に精通がくるのは中学入学前後。それでもあらかじめ知っておかないと、病気だと思い込んだり、汚れのついた下着を隠してため込んだりすることも。精通や夢精については4年生の保健の授業で学ぶので、それに合わせるか、成長をみはからって話しましょう。同性であるパパから伝えるのもいいでしょう。P68の「おまもりえほん」も参考に。

下着を洗う習慣を身につけて

　お風呂に一人で入れるようになったら、自分の下着は自分で前洗いする習慣をつけておくと、いざ、夢精や自慰行為で下着が汚れたときもあわてずにすみます。また、面と向かって性の話をしにくい場合は、子ども向けの性の本を買って、本棚やこっそり読むことができるトイレなどに置いておきましょう。本人が知りたいタイミングがきたら手にとってくれるはず。右ページでおすすめの本を紹介します。

本棚に置いておくと◎な本

● 『10代のための性の世界の歩き方』

著・櫻井裕子　マンガ・イゴ カオリ／1650円／時事通信社

全国で学校講演する助産師・櫻井裕子さんによる性教育本。精通、初経、自慰についてなど子どもの戸惑いに寄り添って漫画仕立てでわかりやすく解説。性的同意や性の多様性、避妊など知っておきたいことを網羅している。

● 『マンガ　おれたちロケット少年（ボーイズ）』

マンガ・手丸かのこ　解説・金子由美子／1650円／子どもの未来社

養護教諭・金子由美子さんによる男の子向けの性教育本。小学6年生の男の子・タケルを主人公に、精通・夢精・自慰・セックスなどマンガで具体的に解説。女の子版に山本直英さん監修の「ポップコーン天使（エンジェル）」（同社）がある。

● 『サッコ先生と！　からだこころ研究所』

著・高橋幸子／1430円／リトルモア

監修の高橋幸子先生による性教育本。体の器官の話から始まり、プライベートゾーン、おへそ、妊娠と、自然な流れで性について子どもが自分で読んで学べる。素朴な疑問解決コーナーも。先に保護者が読んでから渡そう。

おまもりことば

話しづらいことは
学校や本の手を借りよう

OMAMORI

親子で一緒に学ぼう

夢精や精通のしくみやケア方法を
イラストとともにご紹介。
親子で読むもヨシ、一人で読むもヨシ！

勃起・精通・夢精ってなあに？

1.

ペニス（おちんちん）が大きく硬く
なることを「勃起」といいます
ペニスに血液が集まった状態だよ
ペニスを触ったり、好きな子のことを
考えていたら勃起することもあるし、
寒かったり、朝起きた時に
勃起することもある
病気ではない、自然な現象だよ

2.

勃起したペニスの先から白い液体「精液」が
出てくることを「射精」というよ
精液は精子が混ざった液体
白く濁っていて、とろりとしているよ
初めての射精は「精通」といって、
12〜14歳ごろに起きることが多い
寝てる間にも射精することがあって
「夢精」というよ

3.

もし射精や夢精でパンツに
精液がついちゃったら
軽く水で洗ってから、よくしぼって
他の洗濯物と一緒に
洗濯機へ入れてOK
病気ではないのでパパやママに
報告しても、しなくてもいいよ

4.

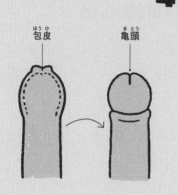

包皮　　　　亀頭

ペニスは「包皮」という皮で
先っぽまで包まれている
この状態を「包茎」というよ
この包皮を根元にずらすと
「亀頭」があらわれる
ふだんは亀頭が出ている状態の
人もいれば、包まれたままの人もいる
包皮と亀頭の間に汚れがたまりやすい
からお風呂ではそっとむいて、洗おう

5.

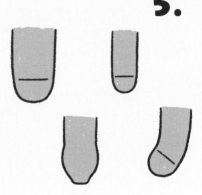

みんなの顔がそれぞれ
ちがうのと同じで
ペニスの形や大きさも人それぞれ
比べなくても大丈夫
ただし、包皮を手でむこうとしても
むけなかったり、痛い場合は
大人に相談して
泌尿器科で診てもらおう

8

子どもの自慰、止めるべき？

息子がしてるのを
目撃して
大ショック

女の子が
してるなんて、
ヘン？

「セルフプレジャー」といって、自然なこと

思春期が始まると精巣や卵巣から性ホルモンがたくさん分泌され、性欲が高まるのは男女ともに自然なこと。そういうとき、自分で性器をさわって満足することは悪いことではありません。「マスターベーション」「オナニー」など呼び方はいろいろですが、ふさわしいのは「セルフプレジャー」。プレジャーとは「喜び」「楽しみ」という意味。いけないことではなく、マナーさえ守れば何回してもかまいません。

親側もプライバシーの配慮を

セルフプレジャーのいちばんのルールは一人のスペースで行うこと。これは親側の配慮も大切です。思春期に入ったら、コンコンとドアをノックして、「入ってもいい？」ときいてからゆっくりドアを開けましょう。また、心配なのは固いものにこすりつけるような強い刺激で気持ちよくなる癖がつくこと。男子の場合、女性の柔らかい体では射精できない「腟内射精障害」になるおそれがあります。道具ではなく「手ですること」が重要です。

セルフプレジャーのシンプルルール

◎ 一人のスペースで

セルフプレジャーは恥ずかしいことでもいけないことでもありませんが、プライベートなことなのでだれにも見せないのがマナー。一人になれる自室やお風呂、トイレなどでしましょう。

◎ 手は清潔に

雑菌がつかないよう、男女ともにセルフプレジャーの前は手洗いをしましょう。粘膜を傷つけないように日ごろからつめも切っておきましょう。

◎ やさしいタッチで

性器はとってもデリケート。むいたみかんやゆで卵をつぶさないくらいの強さが目安です。また床にこすりつけたり、硬いものを入れるなど道具を使うのは危険です。必ず手を用いること！

◎ ３つを守れば
　何回でもOK

上の３つのルールを守れば、何回やってもOK。回数が多すぎて病気になることもありません。

おまもり
ことば

OMAMORI

自慰は気持ちを満たす自然な行為

9

恋人ができたと喜んでいます。望まぬ妊娠などが心配です

最近の子は
早熟っていうし……

避妊の話をするのは
まだ早い？

まずはどうつきあうのか
きいてみましょう

　まだ恋に恋するお年ごろ。「つきあうってどういうことだと思う？」とまずはイメージをきいてみましょう。そのうえで「相手のペースを考えないで、どっちかが突っ走ったら転んじゃう。相手の心と体を思い合える関係を彼氏・彼女やパートナーっていうんだよ」と話してみて。心配なのはSNS上の交際など、相手の素性がわからない場合。何でも話し合える関係でいれば、危険を早く察知できます。

「セックスは子どもがするものではない」
が大前提

　「セックスをすると赤ちゃんができる可能性があり、責任が持てない子どものうちはするべきではない」というのが大前提。そのうえで心配な場合は、「今すぐ必要ではないかもしれないけれど」と避妊について話してもいいでしょう。日本では避妊について学ぶのは高校生になってからですが、中学生女子の4.5％、男子の3.7％が性行為の経験があると答えています。（日本性教育協会　2017年調査より）

デートDVを防ぐ「同意」のはなし

「デートDV」とは、つきあっている関係で交際相手に暴力を振るうこと。殴る・けるだけでなく、無理やりキスやセックスをすることもそのひとつです。それを防ぐために覚えておきたいのが性行為についてお互いの積極的な意思を確認する「性的同意」。もし相手が乗り気でなかったり、寝ているなど意思を確認できない状態だったら、性的行為をしてはダメ。動画「Consent for kids」は子どもにもわかりやすく、性的なことだけでなく人間関係全般に通じるのでぜひいっしょに見てみましょう。

● 「同意」についてよくわかるおすすめ動画

「Consent for kids（日本語版）」

▶ YouTube

動画はこちらから

イギリスの警察署が作成した動画を函館性暴力防止対策協議会が日本語に吹き替えたもの。「ハグが好きな人もいれば嫌いな人もいる」など、たとえがわかりやすい。大人向けに作られた「紅茶と同意（Consent - it's simple as tea）」もあるので検索してみて。

日本語版の出典：函館性暴力防止対策協議会

おまもりことば

「彼氏・彼女」とはからだとこころを
思い合える関係のこと

OMAMORI

10

脱毛やヘアカラーを
したいと言われた。
どう答える？

アイドルに
あこがれて
金髪にしたいと
言い出した！

小学生でも
永久脱毛
していいの？

自分の体の王様は自分

　基本的に子どもであっても自分の体をどうするかは本人に決定権があります。でも、体への負担や将来後悔するかもしれないリスク、金銭が伴うことに関しては、大人としっかり相談して決めるべき。お化粧をすることも含め、「やりたくなったらまずは親に相談してね」と伝えましょう。ちなみに永久脱毛は子どもの段階でしてもまた生えてくるのでムダ毛ケアはシェービングがおすすめです。

隠れてやらせないことが重要

　心配なのは、「親に言ったら絶対反対されるから」とないしょで行動を起こされること。たとえば化粧品を買うために危険なアルバイトに手を出したり、パパのかみそりをこっそり使ったり……。まずは話題にしてもらうことが大事。ふだんから聞く耳を持つ姿勢を見せましょう。

はじめてのシェービングのコツ

◎ 自分専用のかみそりで

かみそりを他の人と共有すると、感染症などがうつるリスクがあります。家族間でも、必ず本人専用のものを用意して。初心者向きの安全かみそりがよいでしょう。

◎ 石けんをつけて順ぞりで

お風呂上がりなど清潔な肌に泡立てた石けんやシェービング剤をつけ、手で皮膚を押さえながら毛流れと同じ方向にそりましょう。逆ぞりは皮膚を傷め、毛根を詰まらせることもあるので要注意。

◎ 保湿を忘れずに

お湯で洗い流したあとは、ボディクリームやローションでしっかり保湿しましょう。

おまもり
ことば

「聞く耳を持つ」ことが
子どもの安全につながる

OMAMORI

11

子どもを
性被害から守るには
どうしたらいい？

性被害って
どうやったら
防げるの？

被害に
遭ってしまったら
どうすればいい？

打ち明けてもらえる
親になるために

　子どもを性被害から守るには、「これってヘンだな」と子どもが思ったときに打ち明けてもらえる親であることが大切です。それにはふだんから家族の間で体の話や性の話ができているといいですね。「今日は生理痛でおなかが痛い」「デートDVって知ってる？」などと親から話題を提供しましょう。また、これまでにご紹介した「プライベートゾーン」「バウンダリー」「同意」の話も子どものおまもりになるはず。

「ナナメの関係」も大切です

　親には言えないことも、ワンクッション置いた親戚のおにいさん・おねえさんや、友達のママになら言えることがあります。そういったナナメの関係をつくっておくことも大切です。たとえば、仲のいいママ友・パパ友と連携して、それぞれ相手の子どもに「なにかあったら私に言ってね」と伝えておくといいでしょう。

「あなたは悪くない」が基本

　性被害に遭ったとき、「これを知られたら嫌われる」「責められる」と被害を隠してしまうことがいちばん危険なこと。「もしそういうことがあっても、あなたは100％悪くない」「私じゃなくてもいいから、信頼できる人に必ず相談してね」この２つをセットにして日ごろから伝えておきましょう。その上で、性被害から身を守る３原則「NO！（イヤだと大きな声で言う）　GO！（その場から離れる）　TELL！（だれかに相談する）」もあわせて伝えて。

これも気になる

こんな悩みはここに頼ろう

体の悩み、声変わりなど成長に関する悩みは小児科、ペニスの悩みは泌尿器科、月経やおりものの悩みは婦人科、心の悩みは心療内科へ。保健室の先生やスクールカウンセラーも頼りになります。また、公共団体が運営する相談窓口も。

- ●思春期の体の悩みなど…日本家族計画協会 思春期・FP相談
  LINE回答時間 10：00〜16：00（土・日曜、祝日は除く）
- ●性犯罪・性被害の相談、支援…性犯罪・性暴力被害者のための
  ワンストップ支援センター　☎＃8891　受付時間：地域により異なる
- ●18歳までの子どもの悩み全般（子ども専用）…チャイルドライン®
  ☎0120-99-7777　受付時間 16：00〜21：00（12月29日〜1月3日は除く）
  チャット・「ネットでんわ」アプリもあり
  ※受付時間など変更の可能性があります。

日本家族計画協会
LINE

チャイルドライン®
webサイト

おまもり
ことば

「あなたは悪くない」のスタンスでいよう

OMAMORI

◎◯◎

おまもりニュース

日本の性教育・世界の性教育

「日本の性教育は遅れている」。こんなニュースを聞くと心配になってしまいますね。性教育は子どもの大事なおまもり。最新の性教育事情をお伝えします。

今、世界の性教育は……

2009年にユネスコが中心となって性教育の国際的な指針「国際セクシュアリティ教育ガイダンス」が作られました。ガイダンスがめざすのは包括的性教育。避妊や生理のことだけでなく、ジェンダーの理解、安全の確保、健康とウェルビーイングのためのスキル、セクシュアリティについてなど多角的に豊かに生きる方法を学びます。ガイダンスの内容を取り入れ、アジアも含め多くの国がコンドームのつけ方の実習などを授業に取り入れています。日本では2000年代に「性教育バッシング」が起き、性教育が停滞しました。

**国際セクシュアリティ教育ガイダンスによる
「性と生殖に関する健康」の指針**

5〜8歳	「妊娠は計画できるものである」と理解する
9〜12歳	「コンドームのつけ方」を実習で学ぶ
12〜15歳	避妊法の利点と欠点を言えるようになる
15〜18歳	「どんなにきちんと避妊しても、妊娠に至ることはある。意図せぬ妊娠をしたとき、何をどう考え、どう行動し、だれにSOSを出せるのか」を学ぶ

性のこと

日本の学校で教えること

授業では「おへそ」の話からスタート

小学校の学習指導要領では、まず2年生で「おへそ」の話からスタート。ヒトは鳥などとは違って、胎生だということを学びます。4年生で月経・射精について、6年生で性毛が生えるなどの二次性徴や、HIVについて学びます。中3で性感染症について学び、性交や避妊については高校生以降と、世界と比べてかなり後れを取っています。

「生命の安全教育」が2023年に全国でスタート

2023年から本格的に始まった「生命の安全教育」。生命の尊さを学び、性暴力の根底にある誤った認識や行動、性暴力が及ぼす影響などを正しく理解し、自分や相手を尊重する態度を身につけることをめざすものです。具体的には小学校低学年でプライベートゾーン、高学年でSNSによる性被害防止策などについて学びます。導入の度合いは学校によりさまざま。保護者会などで「どんなことをやるんですか?」「参観できますか?」などと積極的に質問して、実りある授業をしてもらえるようアピールしましょう。

「ユースクリニック」に注目!

「ユースクリニック」とは子どもが性について相談できるクリニックのこと。発祥地のスウェーデンでは250カ所以上のユースクリニックがあり、避妊や性感染症についてだけでなく、摂食障害のケアなど、体と心のさまざまな悩みを無料で相談できます。日本でもこのユースクリニックを広めようという動きがあります。

性のこと

OOMAMORI

監修

高橋幸子先生より

(産婦人科医)

性について学ぶのは
ヘルシーなこと

ここまで読んできたみなさんは、性について学ぶことがいかに子どもの人生を豊かに安全にしてくれるのか、わかったかと思います。知識は鎧（よろい）でおまもりです。子どもたちが性を「恥ずかしいもの」「いやらしいもの」と誤った認識を持つ前に、科学的な知識を授けることで、自分の性も相手の性も大切にできるようになります。そう、性について学ぶことはとってもヘルシーなことなのです。子どもたち一人一人が性について学び、ハッピーになるのは最低限目指すべきこと。ジェンダーやLGBTQ、境界線、性的同意のことも含め、社会全体で性を学べば、社会全体をハッピーにできるはず。そしてその社会が子どもを守ってくれるでしょう。さあ、大人も子どもといっしょに学んでいきましょう！

性のこと 参考文献：『サッコ先生と！ からだこころ研究所』（リトルモア）

CHAPTER 3

こころのこと

泣いているあなた
怒っているあなた
どっちだって心配になる
こころに直接
ばんそうこうを
貼れたらいいのに
あなたの気持ちを
わかりたい
寄り添って安心させたい
ばんそうこうの
代わりになる言葉を
たくさん用意
してあげたい

知っておきたい 小1・小2のこころ

こころ のこと

☑ 「小1プロブレム」にぶつかる時期

「小1プロブレム」とは、入学に伴う環境変化についていけず、落ち着きをなくしたり、学校に行けなくなったりすること。自由に遊んでいた幼児の環境から、45分間椅子に座り、先生の話を聴く環境に変わるのですから、戸惑いは当然のこと。まだ自分の感情をうまく言語化できないので、大人から気持ちに寄り添って。就学前から習い事など集団の中でルールを守る経験を積むとよいでしょう。

☑ 見通しを伝えると、行動に移しやすい

　就学前に「始める」「一時停止」「やめる」「切り替える」力は発達します。ただし、小学校１〜２年生ではまだ時間の感覚がわかりません。そのため、いつまで続くのかわからないことには、不安を覚えます。時計の絵を見せて「３時になったら片づけを始めるよ」「５時までに宿題を終わらせよう」などと、行動する前に「見通し」を伝えましょう。

☑ 「感覚統合」を身につけて　入学のつまずきをサポート

　じつは今、漢字が書けない子、すぐに暴言を吐いてしまう子、はさみがうまく使えない子が増えています。これらに必要なのが「感覚統合」。視覚や聴覚、言葉や行動など、さまざまな感覚を連携させることです。たとえば、見本どおりに字を書くのは、視覚と手の動きの連動。微妙な感情をうまく相手に伝わるように言葉を選ぶのは、感情と言語の連動です。これらは遊びの中ではぐくむことができます。P94〜95をぜひ参考に。

1

人見知りで
友達ができるか心配です

学校に同じ
幼稚園の子が
いなくて不安

うまく
友達づきあい
できるかなあ

はじめての友達は「自分」です

友達をつくるには、自分らしさに自信を持つ「セルフ・エスティーム」が大切。人と違う、劣っていると思うと、消極的になります。自分の考え方や感じ方に自信を持てれば、不安やイライラをこらえることができ、友達をつくろうという意欲もわきます。そのためには大人が「認める」こと。「やさしいね」などと抽象的にほめるのではなく、「〇〇ができてるね」などと行動や事実を伝えましょう。

友達づくりの勇気は愛着から

よい友達関係をつくるには、意見が違っても調整できる「対立解消」のスキルや、気持ちを抱えることのできる「ストレス耐性」などが必要。これらは、おままごとや鬼ごっこなど遊びを通してはぐくまれます。そして土台となるのは、自分は「いつも大切にしてもらえている」という安心感（愛着）。大人は「大好きだよ」を言葉でも行動でも伝えましょう。

みんなが大切にされるグループ
個性を尊重し思いやりのある場所

友達のつくり方
仲間入り・仲間の
維持ができる

対立解消
意見が違っても
調整できる

ストレス耐性
気持ちを抱えることが
できる

セルフ・エスティーム
自分らしさに自信が持てる

道徳

感情・愛着

参考文献：『キレやすい子へのソーシャルスキル教育』
著・本田恵子／ほんの森出版

子どもに知らせたい、友達をつくるためのコツ

◎ **相手のペースに合わせる**

相手が話し終わるまで待ったり、相手が急いでいるときは自分も急ぐなど、相手のペースに同調すると、心地よい連携が生まれ、やりとりがスムーズになります。

◎ **好意を伝える**

友達になりたいという気持ちを、「大好き」「いっしょに遊ぼう」などの言葉や、相手に協力する、助けるなどの行動で表しましょう。相手も子どもなので、表現はわかりやすく、はっきりと。

◎ **相手を理解しようとする**

一方的に自分の話をするのではなく、友達の話に興味を持ちましょう。また、友達の行動や言葉からその背景を想像し、友達の気持ちに寄り添いましょう。

◎ **ルールを守る**

ウソをつかない、約束を守る、悪口を言わないなど、仲よく遊ぶためのルールを守りましょう。相手の信頼を得られると、ぐっと心の距離が縮まります。

おまもりことば

OMAMORI

友達づくりは自信づくりから

2

引っ込み思案です。授業中、手を挙げて発言できるか心配

こころ　のこと

> みんなの輪に
> 入れるか心配

> 授業参観で
> ひと言も発言
> しなかった……

その子なりに
参加できていればOK

　発言できなくても、その子が授業を理解していれば大丈夫。聞き上手なタイプなのかもしれませんよ。もし本人も悩んでいるなら、まずはP84の「認める」作戦で自信をつけさせましょう。じつは、「挙手して発言する」には、先生の質問を理解する力、手を挙げるタイミングを見計らう力、その場の空気を読む力、だれかの発言を遮る力など、いろんなスキルが必要です。成長とともにできるようになることも。

不安をほぐしてあげましょう

　コミュニケーションには５つのタイプがあります（右図）。引っ込み思案の子はカメタイプに当たります。不安が強くて自分の殻に閉じこもりがちなので、外の世界は安全だということを示してあげましょう。その子が一人で遊ぶときは、そばで大人も遊び、子どもがこちらに関心を向けはじめてもすぐには話しかけず、相手が安心して出てくるのを待ちましょう。

めざすのは自分も相手も満足する コミュニケーション

コミュニケーションには以下の5つのタイプがあります。子どもがどのタイプに当てはまるかを理解し、自分も相手も満足するフクロウタイプになれるようサポートしましょう。

タイプ	自分の気持ち	相手の気持ち	
サメ	◯	✕	自分の気持ちを優先し、相手の気持ちは否定したり、無視したり、説得したりして自分の主張を通します。
カメ	✕	✕	自分の殻に引きこもり、自己主張も他者理解もしません。話し合いの場に出てこないので相手もあきらめがち。
テディベア	✕	◯	自分の気持ちよりも相手の気持ちを優先します。相手に「この人には何を言ってもいい」と思われ、ストレスに。
キツネ	△	△	自分の主張はするものの、争いが嫌いなので相手が受け入れないと妥協しがち。そのため、達成感が得られません。
フクロウ	◯	◯	自分の気持ちも相手の気持ちも大切にして、両方が満足できる解決策を出すことができます。

◯…満足　△…どっちつかず　✕…不満

参考文献:『キレにくい子どもを育てる。親子のアンガーマネージメント』編著・本田恵子　著・岩谷由起
(P145 表2 5つのコミュニケーションタイプ)／講談社

おまもりことば

その子なりのかかわり方が できていれば大丈夫

OMAMORI

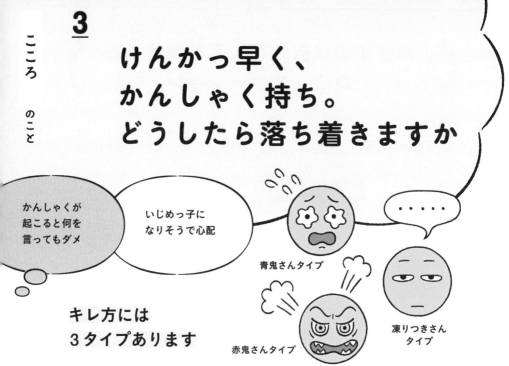

けんかっ早く、かんしゃく持ち。どうしたら落ち着きますか

3

こころ のこと

かんしゃくが起こると何を言ってもダメ

いじめっ子になりそうで心配

・・・・・

青鬼さんタイプ

凍りつきさんタイプ

赤鬼さんタイプ

キレ方には3タイプあります

　キレたときの感情の表し方は3タイプ。1つ目はカッとなりやすい赤鬼さんタイプ。興奮して衝動的に暴れたり暴言を吐きます。2つ目は不安が強い青鬼さんタイプ。自分のテリトリーに立ち入られ、自分の苦手なことをやらされそうになると、「侵入・攻撃」と感じ、パニックを起こします。3つ目は自分の感情を押し込める凍りつきさんタイプ。いじめや虐待などつらい状況にある子に多いタイプです。いわゆる「暴れんぼう」は赤鬼さんタイプに当たります。

欲求を言葉にするサポートをしましょう

　では、どういうときに「キレる」のでしょうか。まず、「寝たい」「認めてもらいたい」など欲求が心に生まれます。それが実現されないとイライラ、寂しいなどのマイナスの感情が生まれ、それをためると、自分がだれに、どんな感情をどのくらい抱いているのかわからなくなり、混乱し、爆発してしまうのです。そのため、子どもが本当にしたいことは何なのか、気持ちを受け止めて、欲求を言葉にするサポートをすることが大切です。

子どものイライラ・かんしゃく の受け止め方

子どもが攻撃的な言動や主張をする

STEP 1 どんな感情も受け止め、無視や反撃をしない
うなずきながら気持ちを受け止める

そんなふうに思うんだね

そうなんだ

⬇

STEP 2 相手の欲求を言葉にする

〜ということがしたいのかな

⬇

STEP 3 適切な表現方法を伝える

それなら、〜というやり方や、〜というやり方があるよ

⬇

 子どもが話に乗ってきた場合
話に応じてくれた感謝を伝える

 子どもがまだ興奮している場合
落ち着くのを待つ

じゃあ、〇分後にもう一回お話ししようか

ありがとう、じゃあこれから相談しよう

どうしたらいいか、まだわからないかな

おまもりことば

怒り・パニックの理由を ほどいてあげましょう

OMAMORI

4

少しのミスでパニックになり、次の挑戦をしようとしません

こころ　のこと

ドリルが一問
解けなかった
だけで号泣

一度失敗しただけで
「もうやらない！」

たいしたこと
ないって〜

NG!

本人の悔しさをまず
受け止めて

　こんなとき、ありがちなのが「それくらい大したことない」「また次、頑張ればいい」と励ますこと。子どもは一問のミスでも大ごとだから泣いているのです。まずは「悔しかったね」と受け止めて。悔しがることは成長につながります。子どもが完璧主義である場合は、最初から「80点以上で花丸ね」と到達点を決めてあげるといいでしょう。

折り合いのつけ方を教えてあげましょう

　また、不安が強くなりすぎて、おびえている可能性があります。「あとでもう一度やろう」「できることをやればいいんだよ」などと、見通しを立て、気持ちを落ち着かせてあげましょう。パニックになると、ネガティブ思考になり、「もうダメだ！」というような根拠のない極論へ走りがち。そんなときには右ページで紹介する「なっとくのりくつ」[※]で気持ちを切り替えましょう。

※本田恵子「アンガーマネージメントDプログラム（小学生用）」より

「もうダメだ！」癖に効果的
なっとくのりくつ

それは
先生が決めること

「今日の体育、楽しみにしていたのに時間割が変わった」など、決まったルールや制度と自分の欲求が折り合わないとき、選択権は自分にないと割り切るのに効果的。

あとでやろう

「ゲームをしたいのに宿題をしなさいと言われる」「友達とおしゃべりしたいのに始業チャイムが鳴った」など、「今じゃなきゃ！」と思い込んでしまうときに効果的。

できることを
やればいいんだ

「しゃべるのは苦手なのに先生に当てられた」「班のみんなみたいにうまくできない」など、「完璧にやり遂げないと」と思い詰めてしまうときに効果的。

それは
相手が決めること

「ごめんねって言ってるのに友達が許してくれない」など、望んだとおりの反応が得られないときに効果的。相手の感情をこちらが決めることはできません。

おまもり
ことば

根拠のない「大丈夫」は逆効果

OMAMORI

<u>5</u> 気が弱く、友達にいいように使われています

> 「いいよ」と
> 引き受けてしまい、
> いつも損な役回り

> 自分の意見が言えず、
> あとから大人に
> 愚痴ります

本人の意思が大切です

　まず、本人がやりたくてそうしているのかどうかが重要。友達の意見に従うのは、相手の気持ちを思いやるその子のやさしさなのかもしれません。まずそのやさしさをほめましょう。コミュニケーションのタイプでいえば、テディベアタイプ（P87）。もし、無理に友達に合わせていてストレスを抱えているようなら、「断る力」を身につけて。

「断る力」を大人がサポートしましょう

　断る力のつけ方は3ステップ。①友達の言うことを聞きたいか・聞きたくないか、自分の本当の気持ちを自覚する。②その子と今後もつきあうのかどうかをあらためて考えてみる。③もし、今後も仲よくつきあっていきたいなら、どこまでは受け入れて、どこからは断るのか線引きを決める。「今日はやるから、次は○○ちゃんの番ね」など交換条件や譲歩は高学年でないとむずかしいので、大人がうまくサポートして。

> つぎは 私が
> とぶ 番ね！

子どもに知らせたい、言いたいことを言うためのコツ

◎ **自分の気持ちを理解する**

たとえば相手に「〇〇ちゃんとはもう遊ばない！」と言うとき、その裏には「最近、いっしょに遊んでくれなくて寂しい」「鬼ごっこは苦手だけどボール遊びならしたい」など本当の欲求が隠れています。大人が「それって、〜だからかな？」とうまく引き出してあげましょう。

◎ **「私メッセージ」を使う**

相手になにか伝えるときは「私」を主語にしてはっきりと伝えます。「〇〇ちゃんの好きな遊びばっかり！」と相手を責めるのではなく、「私は鬼ごっこは苦手だから、ボール遊びがしたいんだ」と理由まで明確に伝えると◎。

◎ **相手の話を受け止める**

相手が反論してきたときは、相手の立場になって受け止めましょう。真正面で向き合わず、横並びか90度に座るとお互い落ち着いて話し合えますよ。

◎ **お互いの着地点を見つける**

「じゃあ、鬼ごっこの次はボール遊びね」「明日の遊びは私が決める番ね」とお互いが納得できる着地点を見つけましょう。この調整は低学年の子どもにはむずかしいので、大人がサポートしましょう。

おまもりことば

自分の意思からくるやさしさならOK

OMAMORI

おまもりニュース

「感覚統合」を育てよう

　「感覚統合」とはさまざまな感覚を連携させること。考えたことを行動に移したり、調整したり、心で感じたことや体験を言葉にしたり、なぜそうなるのか考えたり、言葉、思考、感情、行動など、脳の機能を連携させます。感覚統合が機能すると、「授業中は静かにする」「自分の気持ちをうまく伝える」など小学校生活をスムーズに送れるようになります。これはリアルな体験や遊びの中で自然とはぐくまれるもの。右ページの遊びもぜひ家族で試してみて。

旗振り遊びも「感覚統合」してます！

◎ **視覚**
旗の色を判断

赤あげて！

◎ **聴覚**
どっちの旗を上げるか
指示を聞く

◎ **行動**
指示されたほうの旗を上げる

白さげて！

◎ **言葉**
聞こえた指示を理解する

◎ **体の動き**
腕を動かす

こころ　のこと

感覚統合を促す遊び

耳と言葉をつなげよう

赤旗と白旗を持ち、「白上げて、赤下げないで、白下げて」というように指示に従って旗を上げ下げする旗振り遊びや、「だるまさんがジャンプした」など、鬼が言ったとおりの身ぶりをしないとつかまるだるまさんがころんだの変形版、かるた遊びなど

目と言葉をつなげよう

2人で背中合わせになって、一人が簡単な絵を見ながら「リボンが腰のところについたスカートで」というふうに言葉で説明し、それをもう一人が絵に描く写し絵遊びなど

目と体の動きをつなげよう

2人で向かい合って、鏡のようにまねっこをする鏡のストレッチや、リーダーが出したじゃんけんに他のメンバーが負ける手を出す負けじゃんけん、カードに書かれたものをジェスチャーで伝えるジェスチャーゲームなど

体と言葉をつなげよう

輪になって、「ゴー」は前進、「ストップ」は止まる、「バック」は後ろ向きになど、号令に合わせて体の動きをすばやく変えるゴー・ストップ・バックや、箱の中に入れたものをさわった感じだけで当てるブラックボックスなど

OMAMORI
NOTE

おまもりノート

知っておきたい **小3・小4のこころ**

ギャングエイジ

9歳の壁

中間反抗期

思考力が育つ

魔の小学3年生

☑ ギャングエイジでもまれる時期

　この時期は同性・同年代など同じ属性でグループを作り、帰属意識が高まることから「ギャングエイジ」と呼ばれます。グループを作ったことで気が大きくなって暴言や反抗が増えるので、「中間反抗期」や「魔の小学3年生」ともいわれます。また、グループ内の仲間はずれやもめごとも起こりがち。これらは悪いことではなく、成長のあかし。ここで経験したことが社会に出たときに役立ちます。

☑ 自信を失いやすい「9歳の壁」って？

「9歳の壁」とは、脳の発達によってそれまで自分中心の主観的だった世界から、客観的思考（メタ認知）もできるようになり、他の人も目に入ってきて、劣等感を感じたり、自信を失いやすくなること。また、それにともない、授業も億や兆、概数など抽象的な勉強が増えていくため、学習面でも自信喪失する子も。

☑ 「受け身の子ども」になっていませんか

「9歳の壁」を乗り越えるためには、思考力が必要となります。公式を暗記するだけ、ネットで調べるだけの勉強をしていると、自分の頭で考えることがない「受け身の子ども」になってしまいます。すると、自分側からしか物を見られず、友達とのやりとりでも自分の主張ばかりすることに……。「9歳の壁」にさしかかる前にキャンプや旅行に行って自然を感じたり、博物館や美術館に行くなど、実体験をたくさん積んでおくとよいでしょう。

6

子どもがいじめられた！
どうするべき？

うちの子の
言い分だけで
判断していい？

学校と
どう連携をとる？

いじめのサインに敏感になりましょう

　　いじめは「いじめられた」と本人が思ったらいじめ。ためらわず早期発見・早期解決に乗り出しましょう。そのためには、日常的に子どもとよくコミュニケーションをとって。ストレスがかかると、食欲がなくなったり、眠れなくなったり、行動の切り替えが遅くなったりします。「なにがあった？」ときいて話してもらえたら「どうしてほしい？」とその子の目線でいっしょに対策を考えましょう。

● いじめのサイン

子どもどうしの様子	子どもの様子・変化	子どもに起こる出来事
• 日常的なからかい • ふざけ合い • プロレスごっこ • 乱暴な言葉づかい • 使い走りを 　させられている • わざといっしょに 　はしゃいでいるよう 　に見える	• 元気がない • 遅刻や欠席をしがち • 休み時間に一人でいる • 保健室によく行く • 体調不良を訴える	• 服が汚れている • 体や服に靴の跡が 　ついている • 持ち物がなくなる、 　壊される • 落書きされる • 発言に笑いが起きる

また相談してもらえる話の聞き方

◎ **ふだんから聞く姿勢を**

いつも大人が忙しそうにしていたり、子どもの話をちゃかしたりしていると、いざ困ったことが起きたときに頼ってもらえなくなります。ふだんから「今日学校どうだった？」とよく話し、よく聞く関係を築きましょう。

◎ **まず勇気をほめて**

子どもに「相談していいんだ」と思ってもらうことが、今後も相談してもらえるポイントです。まず「よく打ち明けてくれたね」と話せた勇気を受け止めてほめ、「必ずあなたを守る」と約束しましょう。

◎ **重い・軽いをジャッジしない**

大人は、どんな場合でも真剣な態度で話を聞いて。「からかっただけ」など、いじめの重い・軽いをジャッジしないこと。また、「明るい子だから大丈夫」「いつも大げさに言う」など、その子のふだんの印象に影響されないこと。

◎ **本人の希望に沿った対応を**

子どもが「ないしょにしてほしい」という場合も。その気持ちを尊重し、「〇〇先生だったら言ってもいいかな？」などその子の希望を確認しながら対応を進めましょう。相手の親に電話するなど、大人だけで暴走しないこと。

おまもりことば

本人がいじめられていると感じたら、それはいじめ

OMAMORI

学校との連携のポイントは

　まずは担任の先生や保健室の先生など、子どもが話してもいいと言った人に相談しましょう。その際、いつ、だれに、何をされたかの記録をつけて持っていくこと。まわりに目撃者がいた場合は、その人の名前も記録しておきます。先生の対応がよくないときは、学校内の他の生徒指導の先生やいじめ対策委員会へ相談を申し出て。応じてもらえないときは、スクールロイヤーや弁護士会など専門的に対応してくれる外部機関へ相談を。

いじめられにくくするには

　いじめの背景に注目を。いじめる側にストレス要因があったり、クラスが落ち着かなかったりするのかも。学校内の様子を探ってみましょう。また、いじめられる側にも相手から目をつけられてしまうような行動や言動があるのかもしれません。いじめをしにくい・遭いにくい子は、自分の感情と人の感情が分けられていて、その表現方法や対処法を持っている子どもです。集団での遊びや習い事を通して、ソーシャルスキルをはぐくむことが大切です。

もし「死にたい」と言われたら

◎ **否定しない・励まさない**

「死にたくなるほどつらいんだね」とその気持ちを受け止め、死にたい気持ちを否定したり、励ましたりしないこと。そのうえで、「いじめは人のエネルギーを吸い取り、元気をなくし、他に何も解決法がないと思い込ませてしまう（視野狭窄）けれど、元気が回復すると別の方法が必ず見つかる」と伝えましょう。

◎ **一人にしない**

安全確保ができるまでその子を一人にしないこと。大人も抱え込まず、他の家族や先生、スクールカウンセラーなど必ず複数態勢で対応しましょう。心療内科など、医療機関への相談も検討しましょう。

◎ **対応を約束する**

「私たちはあなたを助ける」とはっきり伝えましょう。「あなたを支えるためのチームをつくりたいから、この話を他の人にするけど、話していいのはだれ？」と本人の希望に沿った態勢をつくることを約束しましょう。

おまもり
ことば

OMAMORI

「頼れる味方がいる」と 子どもに安心してもらおう

こころのこと

7 いじめる側に なってしまった！ どうしよう？

やさしい子
だったのにどうして？

うちの子にかぎって
まさか……

背景には不満やストレスが

いじめる側にあるいじめの原因を理解しましょう。「大切にしてもらえていない」「だれかに認めてもらいたい」といった不満やストレスがたまると、だれかをおとしめて自尊感情を維持しようとしたり、八つ当たりしたりして、それがいじめへと発展します。まずは「どうしてそんなことをしたくなったの？」と事情を聞きましょう。そのうえで「気持ちは表現してもいい」が「相手を傷つける権利はない」ということをしっかり伝えます。

叱るのではなく学ばせる

いじめた子を叱っても、その子のストレスが募ることになり解決になりません。叱るのではなく「自分の行動に責任を持つ」ことを教えましょう。「責任」とは、なぜこんなことをしてしまったのか、しっかり自分と向き合い、二度と同じことをしないために、気持ちの正しい表現方法や、ストレスの解決策を学ぶことです。ストレスの原因は家庭にある場合も。大人も自らを振り返り、家族でいっしょに向き合って解決しましょう。

いじめはみんなの心を追い詰める

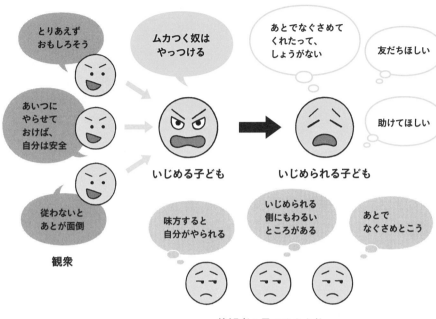

- とりあえず
おもしろそう
- あいつに
やらせて
おけば、
自分は安全
- 従わないと
あとが面倒

観衆

- ムカつく奴は
やっつける

いじめる子ども

- あとでなぐさめて
くれたって、
しょうがない
- 友だちほしい
- 助けてほしい

いじめられる子ども

- 味方すると
自分がやられる
- いじめられる
側にもわるい
ところがある
- あとで
なぐさめとこう

傍観者：見てみぬふり

出典：『キレやすい子へのソーシャルスキル教育』
著・本田恵子（図〈いじめのグループダイナミクス〉）／ほんの森出版

いじめが起きたとき、まわりの子どもたちに上の図のような反応が起こります。メンバーの多くが自分の状態に満足していて、仲間意識がはぐくまれていれば「ダメだよ」と伝えることもでき、こじれませんが、そうでない場合は、いじめっ子に同調したり、同調したくなくても自分の身を守るために助ける余裕がなくなります。被害者・加害者だけの問題ではなく、みんながそれぞれに悩んでいることを大人は知り、サポートしましょう。

おまもり
ことば

いじめる側のストレスや不満こそ、本当のいじめの原因

OMAMORI

8

子どもの言い訳&ウソ
どこまで信じるべき?

きょうだいげんかで
言い分が食い違う

学校のプリントを
「配られてない」と
言い張ります

「ウソ」の背景には不安があります

　年齢が上がるにつれ、理論立てて話せるようになり、子どもが巧妙なウソや言い逃れをすることも増えますよね。「ウソ」は自分を守るためにつきます。不安だから、責められそうだからとウソをついて責任から逃れようとするのです。まずは不安をほぐしてあげましょう。頭ごなしに叱ったり、最初からウソだと決めつけず、「どうしたらいいか私もいっしょに考えたいんだ」と話をする目的を知らせましょう。

10歳くらいまでは
うまく説明できません

　また、「自覚のないウソ」の可能性も。見たもの、あった出来事を、うまく言語化できるようになるのは高学年ごろ。上手に話せない部分を都合よく変えたり、あやふやなところを想像で語ったりしているのかもしれません。子どもの話を聞きながらノートに絵や時系列を書いて、話を整理してあげましょう。

言い分を聞き取るコツ

STEP 1
事実をありのままに伝える

2人の意見が
違うみたいだね

Aくんは、今、
Bちゃんを
たたいたね

STEP 2
〈私メッセージ〉で話を聞く

何があったのか
お話聞きたいな

STEP 3
話を聞く理由や、目的を伝える

どうしたらいいか
私もいっしょに
考えたいんだ

STEP 4
図や流れを書いて状況を整理する

STEP 5
お互いが受け入れられる解決策を提案しあう

おまもり
ことば

その言い訳＆ウソ
うまく言語化できないだけかも

OMAMORI

9

何度言っても
やるべきことを
やりません

効果的な叱り方は
ありますか？

片づけなさいと
一日10回は
言ってます

10歳くらいまで遡って考えることができません

　子どもの行動を促すときの効果的な声かけのしかたは、具体的に何をするか、したらどんないいことがあるのかをわかりやすく伝えること。また、「17時のアニメを見るためには16時に宿題を始めないと終わらない」など遡って考えることは10歳くらいまでできません。見通しを立ててあげましょう。さらに、ハードルを下げることも大事。宿題だったら机にドリルと筆記用具をセットしたり、最初の問題はいっしょに解くなど、とっかかりをつくってあげましょう。

親子いっしょにルールを決めて

　一方的に親がルールを押しつけても、子どもは反抗したくなるだけ。自我が出てくる3年生以上は、「17時までに宿題をしてほしい」「じゃあ、そのあとゲームさせて」など、何事も相談で決めましょう。親子の合意で決めた「約束」なら、納得して守ることができます。

通じる声かけのコツ

◎ **具体的に伝える**

「片づけなさい！」ではなく、「ランドセルをラックにかけなさい」というように、何をいつまでにどうしたらいいか、具体的に指示しましょう。片づけの場合は、片づいた状態を写真に撮って、貼っておくのもおすすめです。

◎ **ハードルを下げる**

とりかかるまでがおっくうなので、「この問題だけ、まずは解いてみようよ」などハードルを下げましょう。また、たとえばピアノの練習だったらふたをあけて譜面を置く、など準備を整えてあげると、やる気になります。

◎ **押しつけないでいっしょに考える**

本人も宿題をやらなければと思っているのに、むずかしかったり、問題の意味がわからなかったり困っているのかもしれません。「どうしたらできるか」をいっしょに考えてあげましょう。

◎ **ゴールはプラス方向に**

「宿題やらないならゲーム禁止」など、罰を与えるのではなく、「やったらゲームしていいよ」と、ポジティブなゴールを設定しましょう。前向きに頑張ろうという気持ちがわいてきます。

おまもり
ことば

叱るのではなく、いっしょに約束を決める

OMAMORI

10

学校に行きたくないと言います

このまま不登校になったらどうしよう

どうやったら行ってくれるの？

おなかいたい……

たいしたことない！学校行きなさい！

行きたくない理由をまず受け止めて

まず、「頭痛くらいで休むなんて」など、子どもの「学校に行きたくない」気持ちを無視して、追い立てるのはNG。どうして行きたくないのか要因を聞き出して。いじめなど、学校の人間関係が原因のこともあれば、学習障害によって勉強についていけずに苦しんでいる場合、起立性調節障害など身体的な原因がある場合も。学校に行かせることより、行きたくない要因を解決することに力を入れましょう。

学校でしか体験できないことも

不登校の状態が長期化する場合は、右ページのような教室以外の選択肢を考えてもいいでしょう。ただ、学校という大きな集団でなければ体験できないことも。たとえば、林間学校などの宿泊体験。家族以外の人と同じ部屋で過ごすストレスフルな環境で、必ずけんかも起きますが、ストレス耐性がつき、集団行動も学べます。基本は学校への復帰をめざしつつ、避難場所としていろんな選択肢を考えて。

学校の教室以外の選択肢は？

◎ **保健室登校**

何らかの理由で教室に行きたくない場合に、保健室で自習すること。学校との関係が切れないので、教室への復帰もしやすくなります。小・中学校の場合は出席扱いになります。同じく、教室ではないけれど登校するものとして、放課後登校、別室登校などもあります。

◎ **教育支援センター**

教育委員会が設置する公的機関で、適応指導教室とも呼ばれます。校内にある場合も。学習サポートやカウンセリングが受けられます。オンライン授業に対応しているところも。出席扱いになります。

◎ **フリースクール**

不登校の子どもを支援する民間団体。学習サポート、教育相談、体験活動など内容は団体によってさまざま。一定の条件を満たすと、出席扱いになります。

◎ **ホームスクール**

親や家庭教師、オンラインスクールなどにより、自宅で学習すること。ITなどを活用した自宅学習であれば出席扱いになります。

おまもり
ことば

学校に「行かせる」ことより、「行きたくない気持ち」のケアを

OMAMORI

知っておきたい 小5・小6のこころ

こころ のこと

☑ いよいよ「思春期」に突入

　第二次性徴以後の10〜18歳ごろをいう「思春期」は、体も心も大きく揺れ動く時期。11歳ごろから客観的に自分を見る力「メタ認知」が育ちます。まわりとの違いを意識するようになり、まわりの評価を気にして不安になることも。自分の意見を持ち、それを先生や親に主張する「反抗期」もこの時期から。また、脳の機能もほぼ完成し、物事に対し、最適な方法を自分で考えられるようになります。

☑ そろそろ子離れの準備をしよう

これまでは子どもがつまずきそうなときは、親があらかじめその石（危険）をどけたり、回避する方法を教えていました。自我を持ち、自分でやり方を考えられるようになるこの時期は、口出ししたくてもぐっと我慢。陰ながら見守ることで、自分の足で歩く力をつけてあげましょう。

☑ 反抗は自分の考えが育ったあかし

何を言っても言い返されたり、「うるさい！」と聞く耳を持ってくれないと、大人としては「反抗されている」と感じますよね。でもそれは、子どもがきちんと成長して、自我が芽生え、自分の考えを持つようになった証拠です。あまりにも子どもの反発が強い場合は、大人が自分の価値観を押しつけ、子どもをコントロールしようとしていないか振り返って。子どもの伸びたい方向に寄り添ってあげれば、理不尽な反発は起こらないはずです。

11

なんでも友達のまねを
したがります

「〇〇ちゃんと
同じ服じゃないと！」
とだだをこねます

「みんなが言ってたから」
と自分の意見が
ないみたい……

思春期の自然な欲求です

　この時期は一体感を得たいため、所属する集団と同じ行動をしようとします。まずは、そのグループのどういうところにひかれているのか、自分はどこまでいっしょがいいのかを聞いてあげましょう。「みんながそうしてる」「そうしないと仲間はずれになる」という不安からの場合は、本当にそのグループでいいのかもきいてあげましょう。ほかに居場所がないから、しかたなく所属しているのかも。

自分の責任の範囲内で

　子どもの意思を確かめて、その子にとって、そのグループに所属すること、まねすることが大切なのだという場合は尊重します。あわせて責任も本人に持たせましょう。自分で決めて、自分で行動する。そこにかかるお金は自分でお小遣いの中から調整します。それが自分の思いを自分で実現できたという達成感にもつながります。

〇〇ちゃんと
同じ靴が
ほしい！

おこづかいで
買うなら
いいよ

いいまねっこ・心配なまねっこ

◎ いいまねっこ

本人がやりたくてやっているまねっこ。同じ目標に向かって一致団結したり、同じ人をいっしょに応援したりするまねっこ。まねをしつつも、違うと思ったときにはそれを主張できることもポイントです。

◎ 心配なまねっこ

まねをすることがグループの参加条件になっていたり、本当はやりたくないまねっこ。また、まねをするために金銭的、あるいは身体的な無理をしないといけない場合は心配なまねっこです。

これも気になる

乱暴なAくんとは仲よくしてほしくない……

友達の影響で暴言や困った行為が増えたとき、そのつきあいをやめさせるかどうか悩みますよね。まず、その子の何にひかれているのか、その子といることでどんな楽しさがあるのか、きいてみましょう。もしかしたら、親の知らないその子のよさがあるのかも。そのうえで、やはりつきあいの程度を弱めたい場合は、別の魅力的な遊びや集団を用意して。困った言動に関しては「いやな気持ちになるからやめて」と"私メッセージ"で伝えましょう。

おまもり ことば

本人がしたいまねなら問題なし！チーム行動のいい練習です

OMAMORI

12

きょうだいげんか、 どう取り持つ？

上手な仲裁の方法が 知りたい

つい、上の子に 我慢をさせてしまう

大人はつねに中立でいること

「自己主張し、着地点を探り、仲直りする」、けんかは心の成長のチャンスです。仲直りまでしっかり見届けて。そのとき親はつねに中立でいましょう。下の子が泣いているからといって、そっちの肩を持ったり、「お兄ちゃんなんだから、譲ってあげてよ」と上の子にばかり折れさせたりしてはダメ。自分が大切にされていないと感じ、より親の愛情を取り合って、きょうだいの仲が悪くなってしまいます。

個別に事情を聞こう

けんかには必ず原因があります。じゃれ合いのつもりが本気になってしまった場合や、どちらかのストレスが背景にある場合も。一人一人の言い分を聞き、うまく解決に導いてあげましょう。2人同時に聞くと言い合いになることが多いので、それぞれ、別室に呼んで話を聞いたり、パパは姉、ママは妹など両親で分担してもいいでしょう。

（ きょうだいげんかのNG対応 ）

◎ 泣いているほうの肩を持つ

泣いているとつい、そちらのケアを優先してしまいがちですが、親の関心を引こうとわざと泣いているケースもあります。まず、泣きやむまで待ち、それから両方の意見を聞きましょう。

◎ 原因を決めつける

たとえば兄が弟をたたいたところを目撃したとしても、じつはその前に弟が兄をもっとたたいている場合も。自分が見たことだけで判断しないようにしましょう。また、「けんかっ早いのはこっちだから」などいつもの様子で決めつけるのもNGです。

◎ 落ち着いていないのに議論を始める

泣いたり、怒ったり、興奮している状況で話を聞いても、冷静な話し合いはできません。「落ち着くまでお部屋に戻っていていいよ。あとで話を聞くからね」など、クールダウンの時間をとってあげましょう。

おまもり
ことば

OMAMORI

大人はいつも中立の立場でいよう

13

最近、親を避けるように なりました。 このままでいいの？

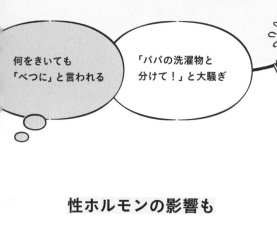

何をきいても 「べつに」と言われる

「パパの洗濯物と 分けて！」と大騒ぎ

こっち こないで！

性ホルモンの影響も

　思春期は、第二次性徴を迎え、いちばん身近な大人である親を自分の未来の姿ととらえて、変化への不安から拒絶反応が起きることがあります。自我が育ち、親を自分とは違うものとして意識しはじめた自然な成長のあかしです。また、この時期、性ホルモンの影響でにおいに敏感になるため、親からフェロモンのにおいをかぎつけて、好きになってはいけないという本能から拒否する場合も。一人になれる空間をつくってあげましょう。

「べつに」の理由は傾聴が足りないのかも

　何をきいても「べつに」「知らない」と会話をしてくれない場合、「言ったってどうせ否定される」「あれこれ干渉されるからいやだ」と考えているのかもしれません。語彙力がなく、うまく話せないから最初から話さないという場合も。まず、子どもの目線に立って、何を見て、何を感じているのかに耳を傾けて。誘導尋問や、「どうせ〜なんでしょ？」などと決めつけていないか、わが身を振り返りましょう。

自分スペースのススメ

◎ **大人に見られていない
時間も大事**

自室がなく、勉強も遊びも大人に見られている
状況では、何もかも大人まかせになり、子ども
の自主性が育ちません。5〜6年生になったら
自分スペースを用意しましょう。

◎ **アンガーマネージメント
に効果アリ**

イライラしたとき、不安が募ったとき、爆発を
防ぐためにも自分スペースは役立ちます。気持
ちを落ち着け、切り替えるには、一人になる時
間が必要です。大人もそのときには立ち入ら
ず、そっとしておきましょう。

◎ **整理整頓の
習慣づけにも◎**

リビングが散らかっていても、片づけるのは結
局、大人。自分が責任を持つスペースを持つこ
とで、整理整頓の習慣がつきます。多少散らかっ
ていても、その子が自分で片づけるまで、大人
は手助けしないこと。

◎ **個室がない場合は……**

家族構成や間取りの都合上、自室をつくれない
場合は、ここからは妹の時間、ここからは兄の
時間、というように、ひとつの部屋を時間帯で
分けるのがおすすめ。きょうだい同室の場合も、
パーティションや本棚で区切るなど工夫して。

**おまもり
ことば**

OMAMORI

一人になりたい気持ちは
成長のしるし

14 保護者側の悩み

毎日反抗され、子どもをかわいいと思えなくなりました

「ババア！」
「うるさい！」と
怒鳴られて傷つきます

あのころのかわいい
わが子はどこへ……

「理想の子ども」と
「現実の子ども」を分けましょう

　自分が描いている「理想の子ども」と「現実の子ども」を分けて考えましょう。「理想の子ども」に現実の子どもを合わせようとすると、子どもはイライラします。「現実の子ども」「ありのままの子ども」を受け止めて、その子のよさを認めて、育てていくと、反抗が減っていきます。伸びたい方向に寄り添ってもらえるからです。反抗するのは、自分の頭で考え、自分の意見を持てるようになった証拠です。

指示ではなく、視点を与えて

　子どもの主張が間違っているときは、子どもが気づくように、客観的に見る視点「メタ認知」を与えます。「これは、ダメ」「こうしなさい」と否定したり命令したりするのではなく、「何がしたいのかな」「どうするのがいちばんいいかな？」といろんな見方のヒントを与えると、高学年では「効率化」「最適化」の答えを探せるようになります。

この時期の子どもは超ハード

◎ **ストレスや葛藤が
起きやすい時期**

この時期は、まわりと比較して落ち込んだり、塾やクラブ活動が始まって忙しくなったりと、子どもの心に負担がかかる時期。気持ちに寄り添い、ストレスとなる要因は見直しも考えましょう。

◎ **学校では
「上級生プレッシャー」が**

高学年になると、クラブ活動や委員会活動が始まります。下級生のサポートをする縦割り活動など、上級生としてプレッシャーがかかる場面も増えます。中学受験を控え、塾通いが始まる子も。

◎ **友達関係の悩みが
複雑に**

それぞれが自我を持ち、メタ認知によって相手の行動も気になるようになり、人間関係がより複雑に。いじめや仲間はずれに悩むことも増える時期です。

◎ **家族とも
ぎくしゃくしがち**

自己主張ができるようになり、親の言うことにも「それは違う」と自分の意見をぶつけるようになります。ただ、心では親への愛情は変わっていません。うまく表現できず、ぎくしゃくしてしまうのです。

おまもり
ことば

子どもの変化を見守ろう

OMAMORI

15

イライラ、怒りすぎてしまいます

叱りすぎた、
と自己嫌悪……

仕事のストレスで
八つ当たりして
しまいます

「親」じゃない自分の時間をつくりましょう

　テレワークによって通勤がなくなり、今まではあったオン・オフの切り替えができなくなった人も多いでしょう。大人にも家事や育児、仕事から離れる自分だけの時間が必要です。最近、イライラしていると感じたら、子どもが学校から帰ってくる前にコンビニでスイーツを買う、一人でお風呂にゆったりつかるなど、ママでもない、パパでもない、役割から解放された自分をケアする一人の時間をつくりましょう。

自分の爆発パターンを見つけて

　子どもに八つ当たりしてしまうとき、「今日上司に叱責されたせいだ」「体調がよくないせいだ」などと本当の理由に気づくことが大切です。また、怒りが爆発してしまったとき、何があったのか、どんな天気だったのか、どんな日だったのかなどを書き出してみると、自分の爆発パターンが見え、冷静になれます。意外と気圧や生理周期が関係していることも。

クールダウンのコツ

◎ **刺激を遠ざける**

まず、興奮を静めることが大切。怒りそうになったら、その場で目をつぶったり、いったんトイレや自室で一人になったり、散らかった部屋や壊されたコップなど、いさかいの原因からいったん離れましょう。

◎ **体の緊張をほぐす**

次に、体の緊張をほぐします。緊張していると表情がこわばったり、声が大きくなったり、より怒りの表現が強くなって事態が悪化するためです。ふうっと息を吐き出す、顔を洗う、首を回すなどが効果的。また、ぎゅっと拳に力を入れると、そのあとうまく脱力できます。

◎ **気分転換をする**

最後に、もとの場所に戻る前に気分転換をしましょう。ストレスになった出来事自体は解決していないので、ストレス耐性をつけるために心にエネルギーが必要です。好きな絵や写真を見る、音楽を聴く、香りをかぐなど、このときに使っていない五感を働かせる作業を5〜10分行いましょう。

おまもり
ことば

OMAMORI

大人だって自分の時間を大切に

16 保護者側の悩み

子離れがなかなか
できません

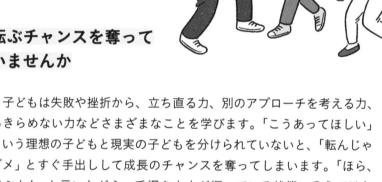

親と子の
適切な距離が
わからない

過干渉する
毒親の話を聞いて、
自分もそうならないか
心配

転ぶチャンスを奪って
いませんか

　子どもは失敗や挫折から、立ち直る力、別のアプローチを考える力、あきらめない力などさまざまなことを学びます。「こうあってほしい」という理想の子どもと現実の子どもを分けられていないと、「転んじゃダメ」とすぐ手出しして成長のチャンスを奪ってしまいます。「ほら、転ぶよ！」と言いながら、手綱を大人が握っている状態。そうではなく、転んだ後にばんそうこうを貼るのが大人の役目です。

親と子の距離は成長とともに変わります

　幼児までは子どもの前を大人が歩き、大人が危険を察知し、取り除いたり、指示をする必要がありました。小学生になったら大人はアドバイスをするにとどめる「併走」のスタンスで。高学年からは子どもの後ろから見守り、もし子どもが失敗しそうでも口出しはグッと我慢しましょう。そして、子どもが不安に思ったり、転んだことで傷ついたときは、「大丈夫」「頑張ったのを見ていたよ」と愛情と信頼を伝え、もう一度前を向かせてあげましょう。

子離れのポイント

◎ **信頼する**

子どもは親の知らないうちに日々成長しています。「きっとまた失敗する」「あの子にはまだ早い」と決めつけず、「あの子ならできる」と子どもの持つ力を信じましょう。その信頼が子どもの勇気にもつながります。

◎ **失敗を「恥」だと思わない**

「失敗して恥をかかないように」とあれこれ先回りしていませんか。その「恥」がじつは、子どもの恥ではなく、単に大人側の世間体を気にしているだけの場合も。失敗は恥ではなく成長の一過程です。

◎ **最終決定権は子ども**

子どもの人生は子どものもの。高学年で思考力が育つまでは多少のアドバイスは必要ですが、最終決定権はいつの年齢でも子どもにあります。とくに進路や習い事について大人の考えを押しつけないように注意しましょう。

おまもり
ことば

転んだ後に
ばんそうこうを貼るのが大人の仕事

OMAMORI

123

こころのこと

OOMAMORI

監修

本田恵子先生より

（公認心理師／臨床心理士）

理想のいい子ではなく、「その子らしく」育つことがゴール

これまでいろんな「おまもりことば」をお伝えしてきましたが、子どもの性格や親との関係によっても最適な答えはさまざま。「基本的な考え方」程度に受け止め、あとは目の前のお子さんを見つめながらかかわってほしいと思います。すべての親にいえることとして、「子どもは親の理想をかなえる存在ではない」ということ。

勉強ができて、人気者で、親にも反抗しない「理想の子ども」を追い求めるのではなく、「現実の子ども」をありのまま受け入れ、理解して、サポートしていくことが大切です。子育てに成功があるとすればそれは、「その子らしく」育ったときです。どの子もその子だけの力や長所を持っています。その子が伸びたい方向に寄り添って伸ばしてあげましょう。

こころのこと 参考文献：『キレにくい子どもを育てる。親子のアンガーマネージメント』（講談社）
『キレやすい子へのソーシャルスキル教育』（ほんの森出版）

CHAPTER 4

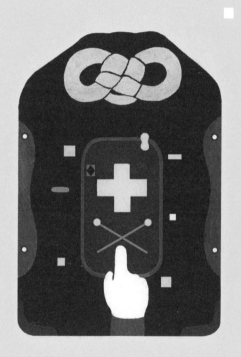

あんぜん・ネットのこと

いつのまにかこの手を離れ

なんでも一人で

できるようになった

だから心配

学校の行き帰りの安全や

スマホやゲームの

いろんなトラブル

でもまかせて

あなたの自立を守るために

頼もしい大人になるからね

交通事故

不審者対策

あんぜん・ネット のこと

知っておきたい 小学校6年間のあんぜん

☑ 1〜2年生は交通事故に要注意！

　小学校に入ると、一人または子どもだけで登下校することになります。この年代は身長が低く、車側から見落とされやすいうえ、本人の目線も低いため、向こうから来る車に気づかないことも。親子で前もってシミュレーションし、危険ポイントをいっしょに確認しましょう。また、子どもたちだけで行動することも増えるので、不審者対策もしっかりと教えたいですね。

☑ 3〜4年生は留守番デビューに要注意！

学童保育は低学年で終了することが多く、この年代に一人で留守番する子が増えます。原則として「一人で家にいるときは、だれが来てもドアを開けない」こと。宅配業者を装って押し入られるなどの事例もあります。また、一人での自転車デビューをするこの年代は、自転車事故が急増します。信号を渡る前には青であっても一時停止を。友達と自転車に乗るときは、並列ではなく縦列で。あらためて交通ルールを確認しましょう。

留守番

お母さんいますかー？

自転車
事故

☑ 5〜6年生はネット犯罪に要注意！

こんど
あそびに
いかない？

夜道

ネット
犯罪

これまでキッズケータイだったのが、高学年になると自分のスマホを持つ子も増え、TikTokなどのSNSを始めて犯罪に巻き込まれる子どもが増えます。P138〜の「ネットのこと」を参考にネットリテラシーを高めましょう。また、中学入学に向け、塾に入る子も増えるので、夜道の安全対策もチェックしましょう。

登下校の交通事故が心配です

一人で登下校、大丈夫かな？

交通ルールを教えてもすぐ忘れちゃいそう

通学路をいっしょに歩いてシミュレーションを

「飛び出さない」「信号を確認してから渡る」など言葉だけでは低学年の子どもには不充分。実際にいっしょに通学路を歩いてシミュレーションしましょう。その際、子どもにじっくり考えさせることが大切です。「あなたが危ないと思ったところを言ってみて」「なんで危険だと思うの？」など自分で考えさせ、危険を実感・体感させれば、しっかり安全意識が身につきます。

子ども目線で安全かジャッジ

大人の視野は平均的に左右150度、上下120度までありますが、子どもの視野は6歳程度で左右90度、上下70度。加えて、身長が低いので、駐車している車の後ろから出てくる車など、見通せないことがあります。シミュレーションするときは、子どもの身長までしゃがむなど、子ども目線になりましょう。

安全に歩くためのポイント

◎ **道路はすぐに渡らない**

信号が青でも、車が完全に停止しているかなど、必ず前後左右の安全を確認しましょう。前の人が歩きだしてもすぐ続かず、自分の目で安全を確認してから動くこと。

◎ **飛び出さない**

道路を横断するときだけでなく、建物の敷地内から出るときも飛び出さないこと。家や学校から出るときも、必ず左右を確認して、走らないようにしましょう。

◎ **交差点では車から離れた場所を歩く**

身長の低い子どもは、車のすぐわきにいると、運転手から見落とされてしまいます。左折してくる車の巻き込み事故を防ぐために、交差点では車から離れた場所を渡りましょう。

◎ **停止した車の前を横切らない**

路上駐車など停車している車が急に動きだすこともあります。また、その車の後ろから、別の車が走ってくることも。たとえ停止していても、車の前は横切らないこと。

おまもり
ことば

OMAMORI

交通ルールは自分で考えさせるとしっかり身につく

2 不審者に遭ったとき、逃げられるようにするには？

いざというとき、固まってしまいそう

ずっと見張ってるわけにもいかないし……

防犯シミュレーションを親子で楽しく

「防犯シミュレーション」とは、保護者が不審者役になって、実際に声をかけられたり、腕をつかまれたときにどう対応するかを学ぶ実践的な練習です。ポイントは、怖がらせず、ゲーム感覚で楽しくやること。怖がらせると、外出のたびに緊張したり、臆病になってしまいます。また、危ない場面に遭ったとき、「なんでそんなことしたの！」と怒られるのを恐れ、報告してくれなくなります。

逃げ方を実践的に伝えましょう

保護者が不審者役となり、「〇〇を買ってあげるから、いっしょにおいでよ」「道に迷ったから、連れてって」「お母さんに頼まれたから家まで送るよ」などなど、あの手この手で子どもを誘い出します。それに対して「イヤです」「大人にきいてください」「お母さんにきいてきます」など、子どもにどう対応するのかクイズのように考えてもらいましょう。また、大人の腕がどこまで届くのかを追いかけっこで体験させるのもよいでしょう。

ここまでとどくんだ!!

不審者対策のコツ

◎ **名前を目立つところに書かない**

ランドセルや傘、体操着入れなど目につくところへの記名はNG。不審者でも「〇〇ちゃん」と名前で呼びかけられると、子どもは信用してしまいます。内側に書くか、名前代わりのマークをつけて。表札や外に置いた自転車、親のSNSなどでも子どもの名前は伏せましょう。

◎ **ランドセルは置いて逃げる**

危険な目に遭ったときは、ランドセルや荷物は置いて逃げたほうが早く走れます。ランドセルをしょった状態と、しょってない状態で駆けっこをして、子どもにも実感してもらいましょう。

◎ **避難場所を見つけておく**

親子でいっしょに通学路を歩き、コンビニや「子ども110番の家」など、どこに逃げればいいのかを確認しておきましょう。また、困ったときにどうやって保護者と連絡をとるか（お店で電話を貸してもらうなど）も伝えましょう。

◎ **近所の人と顔見知りになっておく**

地域の中で見守りの目を増やしておくと安心です。近所の人とはふだんからあいさつを交わし、知り合いになっておきましょう。近所の行事に家族で参加したり、児童館でママ友・パパ友を増やすのもいいですね。

おまもりことば

逃げ方はゲーム感覚で楽しく伝えよう

OMAMORI

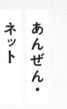

3

留守番デビューで
気をつけることは?

学童保育を卒業し、一人で留守番させることに

親の目が届かない時間帯、どう守ったらいい?

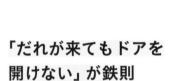

宅配便でーす

そこに 置いて おいてください

「だれが来てもドアを
開けない」が鉄則

　まずは子どもが一人の時間をなるべく短くすること。学童保育を卒業するのであれば、児童館や放課後子ども教室の利用も検討して。そのうえで、留守番させるときには、子どもが覚えられるようになるべくシンプルに留守番のルールを決めましょう。鉄則は「だれが来てもドアを開けない」こと。宅配業者や親の知り合いを装った不審者もいます。対応に迷ったら「家族に確認します」と言いましょう。

家の鍵はだれにも見せないこと

　家の鍵を子どもに持たせるときは、キーホルダーやキーチェーンをつけ、衣類のベルトループなどにつないでからポケットにしまいましょう。鍵がランドセルについていたり、首から下げていたりなど、外から見える状態だと、保護者が不在なのがわかってしまいます。鍵をなくしたときの対応もあらかじめ話し合っておきましょう。

留守番のシンプルルール

◎ **だれであっても ドアは開けない**

たとえ、知り合いであっても犯罪者である可能性はあります。宅配業者には「ドアの前へ置いておいてください」など伝えて。状況に応じた対応がむずかしそうなら、最初から「インターホンには出ない」というルールにしましょう。

◎ **何かあったら 電話で確認**

来訪者があったとき、「今、大人がいないので」と告げてはいけません。「お母さん（お父さん）は今、手が離せないので」と伝えましょう。また、少しでも不安な出来事があったら、その時点で大人へ電話するように伝え、大人も子どもからの電話に出られるようにしておきましょう。

◎ **窓を開けず、 鍵はすべて閉める**

夏でも窓は開けず、高層階であってもすべての鍵を閉めましょう。人のいない部屋から侵入する「居空き」を防ぐためです。室内での熱中症対策に、暑いときはエアコンや扇風機をつけることもあわせて伝えて。

◎ **火を使わない**

火気の管理は保護者の責任です。ライターやマッチなどを子どもの手の届くところに置かないこと。また、大人のいないときにコンロを使わないことを約束させましょう。

おまもり
ことば

「だれであってもドアは開けないこと！」

OMAMORI

4

塾に通いはじめ、
夜の帰り道が心配です

帰りが
22時過ぎに
なることも……

習い事の教室に
電車で通っていて
道中が不安

帰り道以外も夜は危険がいっぱい

　塾が繁華街や駅前などにある場合、不審者に遭う危険だけでなく、子どもを狙った窃盗や恐喝などの危険も。雑居ビル内の塾であれば、エレベーター待ちをするホールや、エレベーター内も危険ポイントです。「夜は子どもを一人にしない」を前提に、できるだけお迎えに行きましょう。子どもだけで歩く時間がある場合は、下記の「要注意な死角ポイント」を参考に安全な帰宅ルートを設定し、いざというときは保護者に連絡する、コンビニに駆け込むなどの対応を教えましょう。

● 要注意な死角ポイント

- ☑ 人通りが少なく、街灯が少ない通り
- ☑ 路上で止まっている車の近く
- ☑ 樹木の多い公園や駐車場、それらに隣接する通り
- ☑ 駐輪場
- ☑ 電柱や自動販売機などの物陰
- ☑ 営業時間が終わった人けのない会社、お店、公共施設
- ☑ ビルのわきの通路や非常用階段

安全なお迎えポイント

◎ **待ち合わせは
人目があるところで**

保護者を待っている間に犯罪に巻き
込まれることも。コンビニや駅の有
人改札の前など人目があるところを
待ち合わせ場所にしましょう。

◎ **敷地内も油断大敵**

マンションなどの集合住宅の場合、
敷地内でも不審者が入り込むリスク
あります。表玄関や自転車置き場な
どまで保護者が迎えに行ったほうが
よいでしょう。

◎ **大人が先に待機しておく**

駅やバス停で待ち合わせする場合
は、子どもが到着する前から大人が
待っていること。過去には、塾帰り
にバス停で親を待っていた子どもが
さらわれる事件も起きています。

おまもり
ことば

「夜は子どもを一人にしない」が基本

OMAMORI

おまもりニュース

"本当に使える" 防犯ブザーとは

いざ、不審者に遭遇したときは恐怖で固まってしまい、逃げたり大声で叫んだりはむずかしいもの。そんなときの心強い味方が大きな音や光などで危険を周囲に知らせる防犯ブザーです。最近ではGPS機能やボイスメッセージ機能を搭載したものも。携帯電話ではないので多くの学校で持ち込みOKな点も安心です。いざというときにあわてず使えるように以下のポイントに注意して。

あんぜん・ネット のこと

おすすめの防犯ブザーは

まず、100dB以上の大音量タイプを選びましょう。交通量が多い道路や線路沿いを歩く場合は、130〜140dBあると安心です。また、ピンを引く、ボタンを押すなど、子どもによって使いやすい仕様はそれぞれなので、できれば店頭で実際に試させて。ホイッスルや懐中電灯がついた多機能のものは、子どもがおもちゃにしてしまうので、機能はシンプルでOK。一見して防犯ブザーをつけているとわかるように、デザインもシンプルで、丈夫なものがよいでしょう。

使い方を練習しよう

いざというときに確実に鳴らせるように、事前に練習をしましょう。ランドセルへの取り付け位置をどこにするかも、子どものきき腕や身長によって変わってきます。そして、「勘違いで鳴らしたら怒られる」とちゅうちょしないように、「間違ったら代わりに謝ってあげるから、ちょっとでも危険を感じたら鳴らして」と伝えましょう。

あんぜんのこと

OOMAMORI

監修

舟生岳夫さんより

(セコム IS研究所 主務研究員)

ふだんのコミュニケーションが非常時に生きる

子どもを守るためにもっとも大切なことは、ふだんからコミュニケーションをとって、子どもが好きなこと、よく行く遊び場、仲のよい友達などをよく知っておくことです。何かあったときに、どのように反応・行動するのかを想像できていれば、その子にあった安全対策もおのずと見えてきます。

また、ふだんから話をしていると、元気がない、親を避けようとしているなど、いつもと違う様子に気づいて、危険を素早く察知できます。ただしその時にすぐに叱らないこと。「よく話してくれたね」と受け止めれば、困ったときに相談してくれるようになります。大切な子どもの安全を、大人の手でしっかりと守っていきましょう。

知っておきたい 小学生のネット事情

あんぜん・ネット のこと

見守り
GPS

キッズ
ケータイ

ダブレット
学習

☑ 1～2年生はGPS＆キッズケータイ

　入学時に登下校の防犯対策として、携帯電話を持つ子も。自分で管理ができない低学年ではスマホを持たせるのは時期尚早。その点、丈夫で機能も限られているキッズケータイや、ランドセルに入れておくだけでよいGPSは安心です。これらも防犯ブザーでまかなえるなら、必ずしも持たせる必要はありません。また、タブレット学習によってデジタル機器を使いはじめるのもこの時期です。

☑ 3〜4年生はTikTokやオンラインゲーム

オンライン
ゲーム

TikTok

　TikTokなどに動画投稿を始める女子が増えるのがこの時期。また、オンラインゲームにハマる子も。じつはすべてのSNSは13歳以上が推奨で、人気のオンラインゲーム「フォートナイト」は日本では15歳以上対象と、3〜4年生ではまだ安全に使いこなせるとはいえません。言葉巧みに悪い大人に誘い出される事例も。これらで遊ぶなら、「保護者の管理のもとで」が鉄則です。

☑ 5〜6年生はスマホ、LINEデビュー

スマホ＆
LINE
デビュー

　塾通いをきっかけに親の古いスマホなどを持つ子が増えるのがこの年代。いずれはスマホデビューするのなら、大人がしっかり介入できる今の時期に、使い方に慣れさせるというのもひとつの手。また、小学校卒業をきっかけに、LINEを始める子も。使い始めは絶対にやりとりでもめるので、家族とのやりとりで練習をしましょう。

5

スマホデビューはいつ、どんなことに気をつけたらいいの？

何歳から
持たせるべき？

どんなスマホが
おすすめ？

低学年にはまだ早い！

　低学年のうちは、スマホを持たせても、なくしたり壊したり、充電を忘れたりなど物理的な管理ができないので、防犯対策で持たせるなら「見守りGPS」で充分でしょう。「見守りGPS」とは、月額料金を払うと、それを身につけた子どもの位置がアプリ上で正確にわかるというもの。これならランドセルに入れておくだけでOKです。

持っていなくても意外に大丈夫

　スマホは、家族と連絡がとれるメリットもありますが、見知らぬ人とつながったり、ゲーム課金や依存などのデメリットも。家族との連絡や防犯はほかの手段がないか考えてみましょう。また、スマホを持たせない方針の家庭も多いので、意外と「持ってないと仲間はずれにされる」という心配はなさそう。それでも持たせる場合は、右の「安心スマホデビューのコツ」を参考に、大人の管理下で持たせましょう。

安心スマホデビューのコツ

◎ **機能を制限して
大人がしっかり管理**

スマホの機能や時間を制限できる「あんしん
フィルター」や、「スクリーンタイム（iPhone）」
「ファミリーリンク（Android）」を設定して
から渡しましょう。TikTokやオンラインゲー
ムには「ペアレンタルコントロール」機能でDM
の受信範囲を設定できます。

◎ **必要なアプリのみ
入れて渡す**

家族との連絡に必要なら、親の古いスマホにLINE
アプリだけ入れて渡すのも手。また、スマホで
はなく家の共用タブレットにLINEアプリを入れ
て、固定電話代わりに使うのもよいでしょう。

◎ **SNSは
家族のアカウントで**

TikTokやInstagram、LINEなどのSNS
は保護者のアカウントを使って大人がいつでも
内容を見られる状態にしておくと安全です。大
人の目があれば、昼夜問わずの友達からの連絡
なども防ぐことができます。

◎ **ルールは親子で
話し合って決める**

「〇時以降はさわらない」「勝手にアプリを入れ
ない」など、ルールは一方的に押しつけるので
はなく、子どもとの話し合いで決めましょう。
そのほうが子どもも納得して守ろうとします。
使い方に慣れるにつれ、制限をゆるめるなど、
子どもにまかせる範囲も増やしましょう。

おまもり
ことば

OMAMORI

それ、絶対にスマホじゃなきゃダメ？

6
オンラインゲームに ハマりすぎていて 心配です

ごはんや宿題
そっちのけで
のめり込んでいます

オンライン上だけの
ゲーム仲間が
いるようで心配です

逃避行動としてのめり込んでいるのかも

　まず、ゲームはゲーム会社が「いかにのめり込んで課金させるか」を工夫して作っているもの。大人がしっかり管理しないと子どもは簡単にハマります。学業不振、家庭不和、人間関係のトラブルなどの逃避行動としてゲームに居場所を求める場合もあるので、背景を探ることも大切です。ゲームの頻度、時間が制限できず、最優先するようになる状態が1年以上続く場合は「ゲーム依存」。心療内科へ相談を。

やめやすくするためのサポートを

　無理やりゲームを取り上げるのは、さらに執着するので逆効果。それより、外遊びやもっと夢中になれる習い事に誘って、目先を変えてあげましょう。また、低学年のうちは「あと5分だよ」と事前アナウンスしてからアラームが鳴るようにすると、納得してやめられます。区切りが悪いときには「じゃあ、そこが終わったらね」と譲歩したり、テスト終了後はゲーム時間を増やしてあげたり、メリハリをつけることもポイント。

いっしょに
キャッチボール
しようぜ〜

知らない人と「つながらない」が基本です

オンラインゲームは不特定多数の人とボイスチャットやテキストチャットでつながり、対戦や協力プレイができますが、なかには悪意を持って子どもに近づく人も。子どものチャット内容から家の場所を特定したり、やさしい言葉をかけて誘い出したりします。子どものうちは、リアルな友達としかつながらないのが基本。ペアレンタルコントロールで制限しましょう。

犯罪や依存から守るコツ

◎ 保護者もいっしょに
やってみる

大人もゲームのアカウントを作って、子どもに「やり方を教えて」というと、ノリノリで教えてくれます。そこで子どもの交友関係や、このゲームにどんな危険があるかを知ることができます。

◎ リビングのテレビ
だけでやらせる

大人の目の届くところだけでやらせれば、危険を早く察知できます。友達とボイスチャットしながらゲームしているときに、「そろそろごはんよ！」と相手にも聞こえるように言うことで、本人もゲームの輪から抜けやすくなる効果も。

おまもり
ことば

OMAMORI

「ゲームよりおもしろいこと、
たくさんあるよ」

7 LINEデビューした子ども。SNSトラブルが心配です

クラスの
グループLINEで
いじめられている
みたい

けんかした友達に
個人情報を
さらされた！

まず家庭内でやりとりの練習を

　小学生がLINEを使いはじめると、文字情報だけで気持ちが伝わらないのに「バカじゃん」などと送ってしまい、必ずトラブルになります。まずは親子間でやりとりし、「口頭ではいいけれど、書き言葉ではきつく感じるよ」「言葉が足りなくて伝わらないよ」などアドバイスして感覚を身につけさせて。まずは親、次に祖父母やきょうだい、そして学校の友達と徐々にやりとりの範囲を広げていきましょう。

相談してもらえる大人になるために

　LINEグループ内でいじめられたり、けんかの果てに隠し撮り画像をさらされたりと、深刻な事態も起きています。困ったとき、すぐ相談してもらえる大人になるには、まず自分のLINEを見せて。「絵文字を使うと感じがいいんだ」「こうやって断ればいいんだ」など学べるうえ、「返報性の原理」※で子どもも自然と見せ返してくれます。

ママのLINE
みる〜？

※相手から何かを受け取ったときに「お返ししないと」と思う心理

144

SNSトラブル最新事情

◎ **オープンチャットを
する子が増えています**

以前は「学校裏サイト」と呼ばれる小学校ごと
の掲示板が流行っていましたが、最近は同じく
匿名で書き込めるLINEのオープンチャット
が主流です。学校ごと、趣味別などのオープン
チャットがあり、匿名なので中傷合戦になるこ
とも。誹謗中傷の投稿は運営会社から削除され
たり、投稿主の利用停止措置がとられることも
あります。

◎ **個人情報を
さらすいじめも**

気に入らない相手を隠し撮りしてTikTokに
実名つきで投稿したり、住所やLINEアカウ
ントをさらすいじめが起きています。また、お
互いのアカウントを通報しあって、停止させる
迷惑行為も。子どもが被害者本人でなくても「こ
れっていいのかな？」という投稿を見つけたら
報告してもらい、学校に相談しましょう。

◎ **もし、個人情報が
流出したら……**

まずは投稿した子に親が削除を依頼。それでも
拡散しているようなら運営会社に、それでもダ
メならプロバイダーに削除要請を。個人情報が
さらされた画面をスクショし、投稿のURLと
ともに提出して、「これは私の子どもである」と
いう確認ができたらすぐに対応してくれます。

おまもり
ことば

まず自分のSNSを見せて、
相談してもらえる環境づくりを

OMAMORI

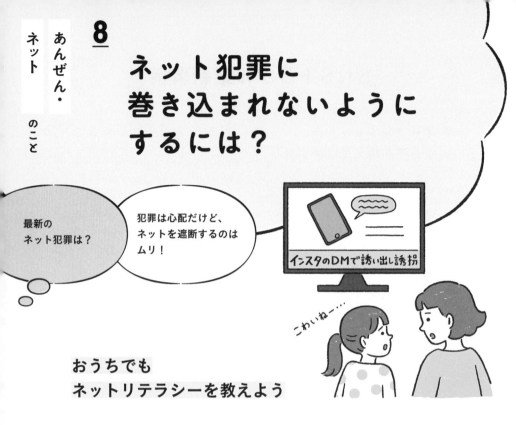

8
ネット犯罪に
巻き込まれないように
するには？

最新の
ネット犯罪は？

犯罪は心配だけど、
ネットを遮断するのは
ムリ！

インスタのDMで誘い出し誘拐

こわいね〜…

おうちでも
ネットリテラシーを教えよう

　学校では道徳の時間や国語の教科書などで、ネットいじめやSNS
トラブルなどを取り上げ、ネットリテラシーを教えています。また、
携帯会社が行うスマホの安全教室を取り入れる学校も。おうちでも「自
撮りの裸画像を送信」「オンラインゲームのDMで誘い出されて誘拐」
などのニュースを見ながら、「子どもになりすましている人がいるん
だね」「知らない人を信用しちゃいけないね」など、日々の会話でネッ
トリテラシーを高めましょう。

最新情報を意識的に取り入れて

　今の大人は情報教育を受けずに来た世代。YouTubeのダイエット
広告のQRコードを読み込んで、クオ・カードで入金させるなど、手
口は年々巧妙になっています。ニュースなどで最新の手口を知り、
ゲームやTikTokなどは子どもにやらせる前にまず自分がやってみ
るなどして、大人自体がネットを使いこなせるようになりましょう。

ネット犯罪の注意ポイント

◎ **なりすまし**

同性や同年代、芸能人のふりをして子どもを安心させ、裸の自撮り画像を送信させたり、呼び出して直接会おうとする「なりすまし」。プロフィールの画像や文字だけでは信用できないことを、子どもに知らせましょう。

◎ **グルーミング**

悩み事がある子の相談に乗り、やさしい言葉で信頼させてから呼び出して、裸の写真を送らせたり、性的に虐待する「グルーミング」。背景に子どもの孤独がある場合も多いので、家族のコミュニケーションをもっと密にしましょう。

◎ **詐欺広告**

じつは定期購入で2回目から高額になることを隠し、「初回無料！」「初回500円！」などとうたって申し込ませる「詐欺広告」。子どもだけでなんとかしようとすると被害が拡大するので、「課金したいときは相談してね」と聞く耳を持っていることをアピールしましょう。

◎ **自撮り送信**

裸の自撮り画像を送信すると、送信した側も児童買春・児童ポルノ禁止法違反で罪に問われます。また、裸でなくても自撮り画像の瞳に映り込んだ建具から自宅を特定されたり、加工されて拡散されたりと、自撮りにはリスクがいっぱい。子どもにその危険性を伝えましょう。

おまもりことば

子どもを守るには、まず大人がネットマスターに

OMAMORI

おまもりニュース

AI時代に必要なICT教育とは

今後、ICT（情報通信技術）教育はさらに推進されます。デジタル学習などでその使い方を学ぶのはもちろん、ネットリテラシーや、AIで作成した情報の真贋を見極める力など、ICTを「使いこなす力」も求められるように。そのためにデジタル機器の使用は子どもの安全を守れる範囲で制限をかけつつも、段階的に制限をゆるめていくことが大切です。以下に前向きにネットを活用するヒントをご紹介します。

保護者がリコメンドしよう

ネットは怖いことばかりではなく、だれでもどこでも平等にアクセスできたり、無料で教育を受けられるなどの利点があります。たとえばYouTubeを見るときは、親が事前にチェックしてこれは有益だと思うものをいっしょに見ると、あとはおすすめ機能で似たような分野の動画が表示されるようになり、相対的に好ましくない動画の視聴頻度を下げることもできます。

プログラミングを学べるアプリも

これからの時代、ICTを使いこなす力が必要。プログラミングを楽しみながら学べるアプリ「スクラッチ」や「ビスケット」などはおすすめ。人気のゲーム「マインクラフト」もプログラミング的な要素があります。また、漢字や英単語、計算などをゲーム感覚で学べる勉強アプリも豊富。親が操作してみて、いいと思ったらどんどん取り入れましょう。

おおまもりことば

ネットのこと

OOMAMORI

監修

高橋暁子さんより

（ITジャーナリスト）

子どもの前に まず大人が勉強しよう

子どもにスマホやネットを使わせるのも、守れるのも保護者のあなたしかいません。その責任は重大です。まず、子どもに使わせる前に大人がリスクや使い方を勉強しましょう。あんしんフィルターやペアレンタルコントロールなど、子どもを守るための機能もいろいろ用意されているので、積極的に取り入れて。機械操作が苦手な人も、わかりやすく説明されている動画がたくさんYouTubeに上がっているので検索してみましょう。ネットにはいい面もたくさんあります。制限一辺倒ではなく「子どもが自分で正しい使い方を見つけるサポートをする」というスタンスが大切です。ネットに使われるのではなく、使いこなせる子どもになるために、応援しましょう。

結びの言葉

『小学生おまもり手帖』、いかがでしたか。

今回、からだ・性・こころ・安全・ネットと、

5人のスペシャリストのみなさんに

子育ての悩みについてお答えいただきました。

小児科医、産婦人科医、公認心理師……と肩書はさまざまでも、

「子どもを守りたい」という気持ちはひとつ。

取材するうち、こんなにも頼もしい人々が子どもを守るために

日々知識を蓄え、発信されているんだと心強く思いました。

子育てをしていると、「こんなことで悩んでいるのはうちだけ?」

「自分は子どもにとってよい存在だろうか」と

自信をなくすこともありますよね。

そんなときはどうか、この手帖を開いてください。

悩んでいるのはあなただけではありません。

そして、子どもを守るのもあなた一人ではありません。

子どもは大人みんなの力ではぐくまれるもの。

右にあるのは、1951年に制定された児童憲章。

児童の幸せを願って全国から集まった協議員

236名によって定められた児童の権利宣言です。

こんなにも昔から、たくさんの大人が

子どもを守りたいと思っていたんですね。

どうかあなたも遠慮なく、たくさんの人の知恵を借りてください。

『小学生おまもり手帖』はいつだってあなたの育児の味方です。

児童憲章

われらは、日本国憲法の精神にしたがい、児童に対する正しい観念を確立し、すべての児童の幸福をはかるために、この憲章を定める。

児童は、人として尊ばれる。

児童は、社会の一員として重んぜられる。

児童は、よい環境の中で育てられる。

一、　すべての児童は、心身ともに健やかにうまれ、育てられ、その生活を保障される。

二、　すべての児童は、家庭で、正しい愛情と知識と技術をもつて育てられ、家庭に恵まれない児童には、これにかわる環境が与えられる。

三、　すべての児童は、適当な栄養と住居と被服が与えられ、また、疾病と災害からまもられる。

四、　すべての児童は、個性と能力に応じて教育され、社会の一員としての責任を自主的に果たすように、みちびかれる。

五、　すべての児童は、自然を愛し、科学と芸術を尊ぶように、みちびかれ、また、道徳的心情がつちかわれる。

六、　すべての児童は、就学のみちを確保され、また、十分に整つた教育の施設を用意される。

七、　すべての児童は、職業指導を受ける機会が与えられる。

八、　すべての児童は、その労働において、心身の発育が阻害されず、教育を受ける機会が失われず、また、児童としての生活がさまたげられないように、十分に保護される。

九、　すべての児童は、よい遊び場と文化財を用意され、悪い環境からまもられる。

十、　すべての児童は、虐待・酷使・放任その他不当な取扱からまもられる。あやまちをおかした児童は、適切に保護指導される。

十一、すべての児童は、身体が不自由な場合、または精神の機能が不充分な場合に、適切な治療と教育と保護が与えられる。

十二、すべての児童は、愛とまことによつて結ばれ、よい国民として人類の平和と文化に貢献するように、みちびかれる。

制定日：昭和26年5月5日

制定者：児童憲章制定会議（内閣総理大臣により招集。国民各層・各界の代表で構成。）

1年生のきろく

1

マイブーム

いいこと

例 好きな遊び、歌、テレビ番組、マンガなど

例 楽しかったこと、うれしかったこと、おめでたいことなど

はじめて

自由に項目を立てましょう

例 はじめてできたこと、見たもの、あったことなど

例 誕生日プレゼントや抜けた歯の記録に使ったり、絵を描いても◎

小学6年間の思い出を書きましょう。子ども本人が書いても、大人が代筆してもOK。

2年生のきろく

マイブーム

いいこと

はじめて

自由に項目を立てましょう

3年生のきろく

マイブーム

いいこと

はじめて

自由に項目を立てましょう

４年生のきろく

マイブーム

いいこと

はじめて

自由に項目を立てましょう

5年生のきろく

マイブーム

いいこと

はじめて

自由に項目を立てましょう

6年生のきろく

マイブーム　　　　　　　　　　　いいこと

　　　　　　　　　　　　　　　　　　　　　　自由に項目を立てましょう

はじめて

(からだのこと) を答えてくれたのは… 　　　　小児科医　**森戸やすみ先生**

一般小児科、NICU などを経て、現在はどうかん山こどもクリニックに勤務し、日々、子どもと保護者の悩みに耳を傾けている。医療者と非医療者の架け橋となることをめざし、さまざまな媒体で執筆を行う。著書に『小児科ママの「育児の不安」解決 BOOK』『小児科医ママが今伝えたいこと！ 子育てはだいたいで大丈夫』（内外出版社）、監修に『もう孫育てで悩まない！ 祖父母＆親世代の常識ってこんなにちがう？ 祖父母手帳』（日本文芸社）がある。

(性のこと) を答えてくれたのは… 　　　　産婦人科医　**高橋幸子先生**

埼玉医科大学医療人育成支援センター・地域医学推進センター勤務。埼玉医科大学病院産婦人科思春期外来担当。（一社）彩の国思春期研究会代表理事。愛称はサッコ先生。日本全国の小・中・高にて年間120回以上の性教育の講演を行っている。性教育サイト「命育」や、YouTube チャンネル「SHELLY のお風呂場」、たきれい著「性の絵本」シリーズなど多くの監修を行う。『サッコ先生と！ からだこころ研究所』（リトルモア）など著書多数。

(こころのこと) を答えてくれたのは… 　　　　公認心理師／　**本田恵子先生**
　　　　　　　　　　　　　　　　　　　　　　臨床心理士

早稲田大学教育学部教授。アンガーマネージメント研究会代表。中学・高校の教職に就いた後、アメリカでカウンセリング心理学博士号を取得。不登校やいじめ、非行などの問題についてスクールカウンセリングや支援プログラムの開発・実践を行っている。『キレにくい子どもを育てる。親子のアンガーマネージメント』（講談社）監修。『キレやすい子へのソーシャルスキル教育』（ほんの森出版）など著書多数。

(あんぜんのこと) を答えてくれたのは… 　セコム株式会社　　　**舟生岳夫さん**
　　　　　　　　　　　　　　　　　　　IS研究所 主務研究員

キッズデザイン協議会理事、防災教育チャレンジプラン（内閣府）実行委員、防犯設備士。「子どもの安全ブログ」（https://www.secom.co.jp/kodomo/）のモデレーターとして、子どもたちが安全にすこやかに育っていくための情報を日々発信している。『危険から脱出せよ！こどもサバイバル①身近な危険』（フレーベル館）など監修書多数。著書に『子どもの防犯マニュアル』（日経BP 社）、『大切な子どもの守り方』（総合法令出版）。

（ ネットのこと ）を答えてくれたのは…　　ITジャーナリスト　**高橋暁子さん**

成蹊大学客員教授。「青少年を取り巻く有害環境対策の推進」技術審査委員会技術審査専門員。小学校教諭、Webの編集者などを経て独立。SNSや情報リテラシー教育を専門とし、スマホやインターネット関連の事件やトラブル、ICT教育事情に詳しい。全国の小・中・高校・大学などで、毎年50回ほどの講演・セミナーを行う。『ソーシャルメディア中毒』（幻冬舎）、『子どもにケータイもたせていいですか？』（インプレス）など著書多数。

企画・編集・文　　　　　　　　　　エディター／ライター　**清 繭子**

早稲田大学政治経済学部卒。学童保育指導員のアルバイトで出会った子どもたちに魅せられ、「あの子たちの笑顔を守りたい」と、独学で保育士資格を取得する。株式会社オレンジページ入社後、『子どもと野菜をなかよしにする図鑑 すごいぞ！やさいーズ』『こどもオレンジページ』などを編集。2022年、フリーエディター、ライターとして独立。今年、小学校入学の子どもがいる。

小学生 おまもり手帖

友達関係、性教育、スマホルール……
子どもを守るために
知りたいこと、ぜんぶ

2024年3月19日　第1刷発行

発行人　鈴木善行
発行所　株式会社オレンジページ
　　　　〒108-8357
　　　　東京都港区三田1-4-28　三田国際ビル
　　　　ご意見ダイヤル：03-3456-6672
　　　　販売 書店専用ダイヤル：03-3456-6676
　　　　販売 読者注文ダイヤル：0120-580799

印刷・製本　図書印刷株式会社

カバー・扉イラスト	中山信一
本文イラスト	さはら そのこ
アートディレクション	北田進吾
デザイン	北田進吾
	畠中脩大
	（キタダデザイン）
DTP	ドルフィン
編集	杣出有可
	渡辺 薫

Printed in Japan　　©ORANGE PAGE　　ISBN 978-4-86593-630-8

こどもオレンジページ

小学校卒業時の写真を貼りましょう

中学生になる

_____ へ　おまもりことば